BRAUNSCHWEIG

Dieter Zimmerling
Lutz Pape

Braunschweig

Ansichten, Einsichten, Aussichten

Edition Westermann

Die Seitenzahlen der im Text verwendeten Zitate
beziehen sich auf die in der Bibliographie genannten Werke.
Umschlagprägung nach einer alten Braunschweiger Münze.

Die Deutsche Bibliothek – CIP-Einheitsaufnahme

Braunschweig/Dieter Zimmerling; Lutz Pape. – Braunschweig:
Westermann, 1994, (Edition Westermann)
ISBN 3-07-50 9700-4
NE: Zimmerling, Dieter; Pape, Lutz

Redaktion Text und Bild: Hiltrud Anlauf, Ernst-Otto Röhrs
Gestaltung: Gerd Gücker
Herstellung: Dieter Struckmann
Reproduktionen: Büscher Repro Braunschweig GmbH
Satz: Hagedorn GmbH, Braunschweig
Druck und Bindung: westermann druck GmbH, Braunschweig

ISBN 3-07-50 9700-4

Inhalt

Ein Wort zuvor

Einen Löwen, das Wappentier der Welfen, ließ Herzog Heinrich im Jahr 1166 als Zeichen seiner Herrschaft und als Symbol herzoglicher Gerichtsbarkeit auf dem Burgplatz aufstellen. Der unbekannte Meister schuf ein Kraft und Energie signalisierendes Bronzetier: 2,79 Meter lang, 1,78 Meter hoch und 880 Kilogramm schwer. Im Zweiten Weltkrieg verließ der berühmte Löwe seinen Sockel und wurde im Bergwerk Rammelsberg bei Goslar eingelagert. Zurückgekehrt, zwang ihn die zunehmende Luftverschmutzung endgültig in einen Innenraum. Und so steht das Original heute im Knappensaal der Burg. Der Löwe auf dem Burgplatz ist eine Kopie, wie jener im Innenhof des Landesmuseums im Vieweghaus.

Im Herzog Anton Ulrich-Museum hängt das Porträt des Cyriacus Kale, gemalt 1533 von Hans Holbein dem Jüngeren. Kale, aus alter Braunschweiger Familie stammend, hatte sich am Londoner Stalhof etabliert, einer Niederlassung der Hanse, in deren weitgespanntes Handelsnetz auch die Stadt Heinrichs des Löwen fest eingebunden war. Es ist das Bild eines in sich ruhenden, durch nichts zu erschütternden, zur Wohlbeleibtheit neigenden Kaufmanns; ernst und gelassen schaut er den Betrachter an, stellt sich in seiner ganzen Fülle vor ihn hin – eine durch und durch würdevolle Erscheinung. Er ist sich seines Wertes wohl bewußt, der Mann strotzt vor Selbstbewußtsein. Dieses bürgerliche Selbstbewußtsein war es – auch die weniger begüterten Braunschweiger waren davon erfüllt –, welches das Gemeinwesen trug; das geschmacks- und stilbildend wirkte im Kulturellen wie im Politischen; das die herzoglichen Herren, die nach Heinrich dem Löwen kamen, allmählich aus der Stadt gedrängt hatte.

Dieses bürgerliche Selbstbewußtsein erhielt einen argen Stoß, als die Welfen Braunschweig im Jahr 1671 zurückeroberten und das Stadtregiment übernahmen. Dennoch, das Bewußtsein blieb als historisch gewordene Kraft wirksam und äußerte sich gewaltsam, als einer der Fürsten, es war Karl II., ein autokratisches Regime aufrichtete. 1830 fegte ihn eine Revolution weg. Eine Revolution war es auch, die Herzog Ernst August 1918 entmachtete. Der Arbeiter- und Soldatenrat Braunschweigs zwang ihn zur Abdankung. Mit bürgerlichem Selbstbewußtsein hatte dies nicht mehr viel zu tun; hier spielten andere Gründe die entscheidende Rolle.

Der Zweite Weltkrieg machte aus Braunschweig einen Trümmerhaufen. Aber Mut, Geschick und Beharrlichkeit, gepaart mit trotzigem Willen, ließen aus den Trümmern wieder ein lebenskräftiges Gemeinwesen entstehen.

Die Stadt mußte den modernen Anforderungen des Verkehrs, der Wirtschaft und des Wohnungsbaus angepaßt werden. Es gelang. Die Traditionsinseln sollten als identitätsstiftende Stadtbereiche die Vergangenheit einbinden. Auch das gelang. Forschung und Lehre an den Hochschulen konnten sich wieder entfalten, und neu gegründete wissenschaftliche Institute und Forschungsanstalten schufen die Basis für die erfolgreiche Entwicklung richtungweisender Technologien. Die Stadt förderte nach Kräften auch die kulturellen Institutionen. Kultur ist wesentlicher Bestandteil des Lebens, nicht zuletzt hierauf gründet sich Lebensqualität. Braunschweigs Stadtvätern gebührt das Verdienst, Altes und Neues miteinander verknüpft zu haben; der Beobachter hat den Eindruck, daß das untergegangene Braunschweig wie ein Pate über den Aufbau des neuen Braunschweig gewacht hat.

Wie Inseln im Strom der Zeit

Tradition – es ist der Blick zurück auf das, was damals war. Tradition ist das Vehikel, das Geschichte weiterreicht. Von damals auf heute, von heute in die Zukunft. Tradition hat einen Inhalt.

Die Braunschweiger Traditionsinseln sind eine aus der Not der Nachkriegszeit geborene Erfindung. Die Stadt, eine Trümmerwüste, durfte ihr Gesicht nicht gänzlich verlieren. Der Landeskonservator versuchte, an historisch wertvoller Substanz zu retten, was noch zu retten war. So wählte er die Bereiche um Dom und Burg Dankwarderode, um die Aegidienkirche, St. Magni, St. Martini samt Altstadtmarkt und St. Michaelis, damit dort das alte Braunschweig bewahrt werde und nicht in einer Flut gesichtslosen Neubaus versinke.

Das Wort Traditionsinsel ist mißverständlich. Nicht nur sie reicht Geschichte weiter, sondern auch andere Stellen Braunschweigs tun das. Es ist ferner mißverständlich, weil es nicht sagt, welche Geschichte tradiert wird: nur die alte, gut abgehangene, die niemandem mehr weh tut, oder auch die jüngere, schmerzhafte? Was ist »alt«, was »jung«, historisch gesehen?

Ist Burg Dankwarderode alt? Gewiß ist sie es; aber nicht diese, die auf dem Burgplatz zu finden ist. Das Gebäude zählt erst rund hundert Jahre. Dennoch würde niemand auf den Gedanken kommen, es habe mit »Tradition« nichts zu tun. Und weiter: der Löwe, das Huneborstelsche Haus – wir kommen darauf zurück.

Die Frage nach dem Alter ist falsch gestellt. Nicht auf das Alter kommt es an, sondern darauf, welche Erinnerung sich an den Gegenstand knüpft; inwieweit er ein Element der Wiedererkennbarkeit ist, inwieweit eines der Identifikation. Die Redlichkeit gebietet, die Erinnerung nicht nur auf das »gute Alte« zu beschränken. Auch das Anstößige beansprucht unleugbar Erinnerung.

Es hat jemanden gegeben, der Tradition gestiftet hat. Damals. Das ist einigermaßen leicht zu erkennen. In Braunschweig wie anderswo. Es geht also um Hinterlassenschaften. Um Geschichte, um Erinnerung. Auch heute wird Tradition gestiftet. Das ist unbezweifelbar. Auch wenn man nicht genau erkennen kann, worin diese besteht. Man weiß, daß jeder, der in die Geschichte eingehen will, baut. Er baut in Stein, Beton, Stahl, Glas und denkt dabei an die Ewigkeit. Zwar weiß er angesichts der Zerstörungen, die Kriege und Zeitläufte in einem Stadtbild anrichten, daß diese Rechnung nicht aufgehen kann, dennoch denkt er so. Er baut Rathäuser, Aufmarschplätze, Straßenzüge, Stadthallen, Schwimmbäder, Hochhäuser jeder Art und Güte, Kasernen; er baut Eisenbahnen, Flugplätze, Stadtrandsiedlungen, Konzerthallen, Theater, Bahnhöfe – kurz, er baut, was immer es zu bauen gibt (und sofern er Geld hat). Er reißt

Das klassizistische Vieweghaus (Seite 8/9) ist ein architektonischer Triumph bürgerlichen Wohlstands. Drei Seiten des 1804 fertiggestellten, vierflügeligen Baus stehen frei. Die hier abgebildete Fassade begleitet den Weg, der zum Burgplatz führt.

dazu nieder, was immer er niederreißen zu müssen glaubt. Er reißt es nieder, weil es sich seinem Bedürfnis nach Traditionsbegründung entgegenstellt und also Konkurrenz ist. Abriß und Neubau – zwei Seiten derselben Medaille.

Manches reißt er nicht nieder, weil er die Tradition für seine Zwecke nutzbar machen will. In diesem Fall achtet er darauf, daß die Hinterlassenschaft nicht verfällt, sondern gepflegt wird; daß Verfallenes wieder instand gesetzt und gänzlich Zerfallenes wieder aufgebaut wird.

Am unbeschwertesten, skrupellosesten und verschwenderischsten gingen absolute Potentaten, auch wenn sie kein Geld hatten, selbstherrliche Bürgerschaften, auch wenn sie knauserig waren, und Diktatoren vor.

Die Hinterlassenschaft der Fürsten ist ein Fest für die Augen. Architektur in Vollendung. Schönheit und Repräsentation. Vielleicht hat der Fürst den Vorgängerbau niedergelegt und Neues an die Stelle des Alten gesetzt. Vielleicht hat er den alten Bau modifiziert, Teile erneuert, weil das Geld für einen Neubau fehlte. Wie auch immer. Der Fürst wollte demonstrieren: Ich stehe in der Tradition, ob ich erneuere oder erhalte. Die Bauten sind nutzlos geworden, auch wenn sich Ämter in ihnen ausgebreitet haben. Ihr einstiger Sinn hat sich verflüchtigt. Ein Schloß – ein hohles Nichts. Aber ein ästhetischer Genuß. Eine Touristenattraktion.

Der Bürger hat wenig Sinn für Tradition, für den Blick zurück. Stets ist er am Zweckmäßigen orientiert, und dies heißt letztlich: am Geld. Stets ist er auch orientiert an der Selbstdarstellung, und streife sie die Grenze zur Geschmacklosigkeit. Zweckmäßigkeit und Repräsentation, das sind seine Leitgedanken.

Der Bürger reißt nieder. Das Alte ist ihm lästig, unbequem geworden, erscheint ihm verbraucht. Er baut neu. Häufig wenig stilsicher, auf jeden Fall aber ausladender und höher als je zuvor. Wie es auch der Fürst zu tun pflegte. Der aber verharrte dabei in der Tradition. Der Bürger will eine neue begründen. Er blickt nach vorn. Er tut so, als sei es ihm peinlich, wenn man sagt: Dies ist eine Kathedrale des Kommerzes. Tatsächlich fühlt er sich geschmeichelt und gibt sogleich die Baukosten bekannt.

Das war in den vergangenen Jahrhunderten nicht anders. Nur daß alles überschaubarer war, zumindest will es uns heute so scheinen. Zweckmäßigkeit und Repräsentation: Rathaus und Marktkirche, Wohnhaus mit Speicher, Lagerhaus, Gildehaus, Marktbrunnen und Turmuhr. Sie alle sind diesen Voraussetzungen unterworfen. Der Bürger will demonstrieren: Ich schaffe neu. Das Alte ist abgelebt und geht mich nichts an. So gerät denn Denkmalsschutz zu einem mühsamen Geschäft.

Noch ein Drittes. Der Diktator. Er giert – bei höchstem Repräsentationsbedürfnis – wie kein anderer nach Legitimation durch Tradition. Er springt in die Geschichte. Er hat keine. Das Alte dient ihm darzustellen: Ich gehöre hierher, ich gehöre zu euch, bin ein Teil von euch. So erhält denn der Diktator das Alte, geriert sich als eingebettet in die Tradition und fälscht sie auf diese Weise. Seine Sucht nach Repräsentation läßt ihn monumentale Bauten hochziehen, Bauten mit imperialem Gestus. Die Sucht läßt ihn Siedlungen bauen oder gar Städte aus dem Boden stampfen. Oder er benutzt Städte, um seinen Bauwillen zu demonstrieren, eine neue Tradition zu begründen.

Abriß, Neubau – zwei Seiten derselben Medaille: Sie leben aus Tradition und begründen eine neue.

Die Stiftsherrenhäuser in der Straße Kleine Burg dienten jahrhundertelang den am Dom St. Blasii tätigen Geistlichen als Wohnung. Sechs dieser in der zweiten Hälfte des 15. Jahrhunderts entstandenen Gebäude wurden

nach dem Zweiten Weltkrieg restauriert beziehungsweise, wie das oben abgebildete Haus, vollständig abgetragen und aus alten Bauteilen und neuem Material wiedererrichtet. Neu sind die Knaggen zwischen den beiden Geschossen; der Treppenfries ist das früheste Schmuckelement des Braunschweiger Fachwerks.

Die verwinkelten Fußgängerzonen der Innenstadt bieten eine lebhafte Mischung von Tradition und Moderne: das richtige Ambiente für einen Einkaufsbummel und Menschen mit Muße.

Ausblicke, Durchblicke und reizvolle Details, sie sind überall: das Rathaus, Architektur in den blauen Himmel gestanzt; ein Balkon mit goldfarben prunkendem Gitter und frischgepflanzten Blumen.

MÖVENPICK
JAHNS

Die beiden Details des Huneborstelschen Hauses am Burgplatz bezeugen durch Maß, Bilderfülle und Kunstfertigkeit den hohen Rang dieses Fachwerkhauses. Der Kramer und Ratsherr Friedrich Huneborstel ließ das Haus 1524 erbauen. Es stand ursprünglich im Weichbild Sack, seine berühmte Fachwerkfassade im Renaissancestil wurde im Jahre 1902 dem am Burgplatz neu errichteten Gildehaus vorgesetzt. Die Schnitzereien zeigen im Übergangsstil zwischen Gotik und Renaissance ein phantastisches Bildprogramm, das an ein anderes berühmtes Fachwerkhaus, das Brusttuch in Goslar, erinnert.

Der Burgplatz, das Vorzeige-Ensemble der Stadt. Hier sind das Mittelalter mit seiner Romanik und Gotik, sind Fachwerk, Klassizismus und Neoromanik in einem faszinierenden Miteinander vereint. Burg Dankwarderode, auf die der Löwe blickt, gehört zwar neben dem Dom zu den ältesten Bauwerken am Platz, doch wie sie so dasteht, frisch und unversehrt, ist sie eine Rekonstruktion im historisierenden Stil, die den zur Kaserne heruntergekommenen Vorgängerbau ersetzte, und rund hundert Jahre alt ist.

NDESMUSEUM

Der Burgplatz – Ein Ensemble zum Vorzeigen

Wir betreten den Burgplatz und sehen hier versammelt das Mittelalter mit seiner Romanik und Gotik, die neue Zeit mit Renaissance und Klassizismus. Oder, politisch-staatsrechtlich ausgedrückt: die mittelalterliche Kaiserzeit, den beginnenden Absolutismus sowie dessen Ende.

Das Burgplatz-Ensemble war schon immer ein vorzeigbares Stück Stadt, besonders auch, nachdem Herzog Karl Wilhelm Ferdinand den Bau des Vieweghauses und des Dompredigerhauses genehmigt hatte. Das Burgtor wurde abgebrochen. Das Dompredigerhaus an der Ecke Vor der Burg/Domplatz führt ein Aschenputteldasein, obwohl es sich keineswegs zu verstecken braucht. Das Vieweghaus aber drückt es beiseite. Das Predigerhaus ist ein klassizistischer Bau von 1798 mit der Besonderheit, daß sich die beiden an der Straßenecke aneinanderstoßenden Fassaden gleichen. Die Schaufenster freilich beeinträchtigen den ehemals harmonischen Gesamteindruck. Bei aller Zweckmäßigkeit des Bauwerks – das Stiftskapitel hatte Ersatz schaffen müssen für den baufällig gewordenen, verwinkelten alten Bau – bei aller Zweckmäßigkeit also übernimmt das Haus auch repräsentative Aufgaben, in aller protestantischer Bescheidenheit, versteht sich, aber doch unübersehbar.

Es war Pfingstmontag, die Glocken läuteten und viele Leute strömten nach der St. Blasius-Domkirche; ich folgte dem Strom. Die Orgel brauste durch die hohen Wölbungen; die Gemeinde sang und die alten braunschweigischen Herzöge lagen in Staub und Asche dort unten in ihren kupfernen und marmornen Särgen. Das ist Alles, was ich von meinem kurzen Besuche dort erzählen kann, aber es ist die Wahrheit.

Hans Christian Andersen (1805–1875)

Viewegs Haus existierte seinerzeit noch nicht. Als es aber wenig später (1804) soweit war, dominierte das palaisartige Gebäude die Nordwestecke des Platzes, woran auch der anschließende schöne Fachwerkbau, das Veltheimsche Haus von 1573, nichts ändern konnte. Als dann aber 1902 das Huneborstelsche Haus – nur seine Fassade, was sich hinter ihr verbirgt, ist ein damaliger Neubau, eigens zu dem Zweck erstellt, die Fassade an ihm zu befestigen – die Lücke zwischen dem Veltheimschen und dem Hotel Deutsches Haus füllte, sah es mit der optischen Dominanz schon anders aus. Jetzt spielte sich das Fachwerk, in beiden Fällen Renaissance, in den Vordergrund, und dabei ist es bis heute geblieben, obwohl Vieweg mit seinem dorisch-massiven Portikus nach wie vor klotzt. Viewegs Klassizismus kühlt, Veltheims und Huneborstels Holz wärmt. Fachwerk übt ohnehin größeren sinnlichen Reiz aus als klassizistischer Stein. Der ist eher für den Intellekt attraktiv.

Das Vieweghaus – Der Bürger betritt die Szene

Friedrich Vieweg (1761–1835), Verleger in Berlin, Schwiegersohn des Pädagogen und braunschweigischen Schulbuchverlegers Joachim Heinrich Campe, wollte, um dem Druck preußischer Zensurbehörden zu entgehen, Familien- und Firmensitz nach Braunschweig verlegen. Aber nicht irgendwohin an die Peripherie, sondern mitten hinein ins Zentrum. An den Burgplatz. Vis-à-vis der herzoglichen Residenz, damals Mosthaus genannt, mit ihrem barock umgebauten Südteil, dem Ferdinandspalais. Die Anlage, die Bürger Vieweg plante, war durchaus geeignet, zu den Herzogsbauten in Konkurrenz zu treten. Repräsentation und Zweckmäßigkeit – der Bürger hat die Szene betreten und fordert den Fürsten heraus. So dramatisch war es nun damals gewiß nicht, zumindest Herzog Karl Wilhelm Ferdinand wird es nicht so empfunden haben. Aber es zeigt die Richtung, die die politische Entwicklung nehmen wird.

Der Herzog unterstützte den Verleger, ebnete ihm viele Wege. Grundstücke mußten gekauft, Gebäude abgebrochen werden, darunter auch das herzogliche Pantomimenhaus. Im Jahr 1800 konnte Vieweg mit dem Bau beginnen, vier Jahre später war er vollendet, und der Bauherr steckte bis über die Ohren in Schulden.

Über den Architekten wird bis heute gerätselt. Unterlagen haben sich nicht finden lassen, Vieweg schrieb seinerzeit an den Herzog, er wolle das Haus nach dem Risse eines der ersten berlinischen Architekten aufführen lassen. An wen er dabei dachte, wer ihm die Entwürfe zeichnete, ist nicht bekannt. Es können nach Lage der Dinge – und vor allem aufgrund stilistischer Merkmale – nur David Gilly (1748–1808) beziehungsweise sein Sohn Friedrich (1772–1800) oder Heinrich Gentz (1766–1811) sein.

Wer immer der Baumeister auch war, sein Werk steht seit knapp zweihundert Jahren mit unerschütterlicher Ruhe am Burgpatz, seine vier dorischen Säulen des Portikus noch immer fest in den Boden gestampft, und hat den Zerfall herzoglicher Macht beobachten können.

Die Burg Dankwarderode – Ein Meisterwerk des Historismus

Heinrich der Löwe ließ in den Jahren 1160 bis 1175 eine Burg errichten. Dieser romanische Bau veränderte sich im Laufe der Jahrhunderte, bis nichts mehr an seinen Ursprung erinnerte, und das, was dann im 19. Jahrhundert daraus geworden war, seit 1808 eine Kaserne nämlich, ging 1873 in Flammen auf.

Vollkommener Abbruch? Wiederaufbau? Rekonstruktion des ursprünglichen Baus Heinrichs des Löwen? Was tun? Nach schier endlosen Diskussionen und intensiven bauhistorischen Untersuchungen verfügte Prinz Albrecht von Preußen, Regent des Braunschweiger Herzogtums: Rekonstruktion des Saalbaus der Burg, und zwar »thunlich in derjenigen Gestalt ..., welche derselbe zur Zeit Heinrichs des Löwen gehabt hat«. Stadtbaurat Ludwig Winter machte sich ans Werk.

Es ist gut vorstellbar, daß Heinrich der Löwe entzückt gewesen wäre über den Neubau, diese freie Rekonstruktion, bei der die Kaiserpfalz in Goslar Pate gestanden hat. Winter habe ihn verstanden, würde der bedeutendste aller Braunschweiger Herzöge gesagt haben. Dieser Palas sei so recht angetan, dem Rotbart, Kaiser Friedrich I., zu zeigen, daß die Majestät der Welfen um nichts hinter der der Staufer zurückstehe.

Heinrich der Löwe hatte die politische Gegnerschaft zum Kaiser zu weit getrieben. Der Eklat folgte 1180. Friedrich I. verhängte die Reichsacht über den Herzog. Der verlor seine Reichslehen Sachsen und Bayern und mußte nach England ins Exil ziehen. Der Herzog konnte nie mehr an seine ruhmreiche Vergangenheit anknüpfen. Er versuchte, zurückgekehrt aus dem Exil, seine Herrschaft in Sachsen wieder aufzurichten. Es war vergeblich. 1195 starb er und wurde neben seiner Frau Mathilde im Dom beigesetzt.

Burg Dankwarderode verlor ihre Bedeutung, der Verfall begann.

Da, wo jetzt die Burg Dankwarderode Altertum vortäuscht, stand die alte Burg, ein herabgekommenes Gebäude mit Barockgiebeln, von dessen kleinem Säulenvorbau aus, wie man sagt, die herzogliche Gesellschaft einst zum Zeitvertreib Taler in den offenen Rachen des ehernen Löwen gegenüber warf. Das verwahrloste Haus hatte für mich Anziehungskraft, weil in einem Flügel desselben ein Museum eingerichtet war, wohin meine Großmutter uns Kinder zuweilen führte.

Ricarda Huch (1864–1947)

Der Braunschweiger Dom, von Osten gesehen. Heinrich der Löwe ließ ab 1173 den Dom St. Blasii als Nachfolger eines brunonischen Vorgängerbaus in romanischen Formen errichten. Die Westseite der Basilika wird überragt von den beiden mächtigen, achteckigen Türmen, die das Glockenhaus flankieren. In der Treppenspindel des nördlichen Turms befindet sich ein fast 19 Meter hoher Fichtenstamm, der vermutlich als Baukran benutzt wurde.

Ein wenig suchen muß man nach der in die Außenwand des Domchors eingemauerten Kanonenkugel, deren Datierung „20. August 1615" an die dramatischen Auseinandersetzungen der welfischen Herzöge mit den selbstbewußten Bürgern der Hansestadt erinnert.

Das um 1150 geschaffene Imervard-Kreuz im nördlichen Seitenschiff des Domes zeigt einen würdevollen, eigentümlich distanziert blickenden Christus. Kunsthistoriker sprechen von einem Volto-Santo-Kruzifix (heiliges Antlitz) und dem Viernageltypus: Christus als Sieger, nicht als Leidender. Im romanischen Mittelschiff befindet sich das um 1220/30 entstandene Grabmal Heinrichs des Löwen und seiner Gemahlin Mathilde. Die Haltung der liegenden Figuren und der Faltenwurf der Gewänder verraten die Meisterschaft des unbekannten Künstlers. In seiner rechten Hand hält Heinrich ein Modell des Domes.

Braunschweig und die Löwen, das ist ein Kapitel eigener Art. Heinrichs bronzenes Wappentier auf dem Burgplatz wurde zum Wahrzeichen der Stadt und zum Sympathieträger für Produkte und Dienstleistungen aller Art. Und dennoch ist er auch historisch präsent, sozusagen, zum Beispiel am legendären Löwenportal am nördlichen Querhaus des Domes. Die tiefen Kratzspuren, die dort zu sehen sind, sollen von Heinrichs Löwen stammen, der versuchte, seinem im Dom beigesetzten Herrn zu folgen. Möglich ist auch, daß Ritter, die zum Kampf aufbrachen, hier zuvor ihre Schwerter wetzten. Die Wissenschaftler vermuten jedoch, daß diese Spuren von Gläubigen stammen, die das, was sie vom geweihten Gebäude abgekratzt hatten, wie ein Pulver als Medizin einzunehmen gedachten. Das war im Mittelalter keineswegs unüblich. Löwenskulpturen und -reliefs sind in Braunschweig an vielen Stellen anzutreffen. Die

hier versammelten Exemplare, maulend, drohend, freundlich, gehören zur Basis der Bänke, die in die Nischen der dem Burgplatz zugewandten Längsseite des Domes eingefügt wurden. Die Köpfe sind Gesellenstücke der Steinmetzschule Königslutter und entstanden vor ungefähr zehn Jahren.

Der siebenarmige Leuchter gehört zu den ältesten und bedeutendsten Kunstwerken im Dom St. Blasii. Der hinter dem Marienaltar stehende Leuchter stammt aus dem letzten Drittel des 12. Jahrhunderts und wurde höchstwahrscheinlich in einer Braunschweiger Werkstatt gegossen. Er ist knapp fünf Meter hoch und hat eine Spannweite von vier Metern. Er ruht auf vier Löwen, die Schalen auf ihren Rücken tragen. In diesen Schalen stehen Drachen, deren zusammengerollte Schwanzfedern den Sockel des Leuchterstamms bilden. Aus dem von sechs Knäufen gegliederten Stamm wachsen sieben Äste wie die Zweige eines Baumes in kühnem Schwung empor.

Der Burglöwe – Mittelpunkt der Stadt

Wenn es darum ginge, Braunschweig sozusagen auf den Punkt zu bringen, die Stelle zu bezeichnen, an der die Kraftlinien symbolisch zusammenlaufen oder von der sie ausgehen, ganz wie man es will, dann ist es das Braunschweiger Löwenmonument. Der Burglöwe – Inbegriff all dessen, was sich mit Herzog Heinrich verbindet: Kraft, Mut, Wille, Weitblick, Rücksichtslosigkeit. So hat er sich wohl auch selber gesehen: tatkräftig, mutig, von hartem Willen, zukunftsorientiert. Vielleicht auch, in einem Anflug von Nachdenklichkeit, als rücksichtslos. Daß sich ein Herrscher dieses Formats als gerecht empfunden hat, darf als selbstverständlich gelten. Ob er es war, steht auf einem anderen Blatt.

Seit 1166 steht das energiegeladene Bronzetier, zeitweilig auch vergoldet, auf dem Sockel und blickt auf die Burg, den Sitz seines Herrn. Und dies nun mutet eigenartig an. Herr und Löwe schauen sich in die Augen – Heinrich von der Burg herunter, der Löwe hinauf zu ihm –, obwohl beide, so denkt man, auch nebeneinander stehen könnten und eigentlich in die gleiche Richtung blicken müßten, nach Osten etwa, wie es das Tier schon tut. So und nicht anders hat es auszusehen, wenn beider Wille gleichgerichtet ist, den Feind erwartend, zum Beispiel, oder gegen ihn ziehend.

Auf den Burgplatz aber? Entweder Heinrich wollte, jeden Morgen aufs neue, in sein Spiegelbild gucken, um sich zu stärken, oder aber ein gezähmter Löwe erstattet Bericht von den Vorkommnissen der vergangenen Nacht, will gelobt werden, erwartet sein Fressen sowie weitere Befehle.

Wie dem auch sei, seit mehr als 800 Jahren hält das treue Tier seine Wacht, an immer derselben Stelle, und statt Herzog Heinrich ist Braunschweig sein Herr geworden. Die alte Bronze war der neuzeitlichen Luftverschmutzung allerdings nicht gewachsen. Eine Kopie hat das Original ersetzt, das restauriert 1989 in der Burg Dankwarderode aufgestellt wurde.

Braunschweig hat diesen Gewaltmenschen, vor allem aber sein Wappentier, in guter Erinnerung behalten. Der Gast mag glauben, die halbe Stadt werbe mit Heinrichs Löwen für ihre Produkte und Dienstleistungen. Der Löwe, ein netter Sympathieträger ist aus ihm geworden.

Dies eherne Standbild des Löwen hat Heinrich (der Löwe) zum Wahrzeichen anno 1166 errichtet. Und ich weiß nicht, ob er wegen dieses Löwenbildes den Beinamen gekriegt hat – oder ob er (in Selbstgefälligkeit) wegen seines Beinamens, um ihn zu befestigen, und geschmeichelt, einen Wüstenkönig hinpflanzte.

Alfred Kerr (1867–1948)

Heinrich der Löwe – Wille und Tat

In Erinnerung behalten hatten Heinrich auch die Nazis. Heinrich, der große Ostkolonisator; Heinrich, der das Deutschtum in den slawischen Raum gepflanzt hatte; Heinrich, der »Vorkämpfer« wahrhaften deutschen Denkens und Handelns (Braunschweigische Tageszeitung, 1936). Das war etwas für sie und ihren obersten Anführer. Der Ministerpräsident des Landes Braunschweig, der Parteigenosse Dietrich Klagges, hatte eine Graböffnung angeordnet. Vornehmlich aber nicht aus historisch-wissenschaftlichem, sondern aus staatspolitischem Interesse. Die Nationalsozialisten hatten nach der Machtübernahme die Länder de facto aufgelöst. Das kleine Land Braunschweig und mit ihm die Hauptstadt drohte in Bedeutungslosigkeit zu versinken, zumal hoheitliche Befugnisse an die Gauleitung in Hannover zu übertragen waren. Berlin hatte eine Reichsreform angekündigt, die ließ aber auf sich warten. Klagges,

Der Turmbau des Domes gehört, baugeschichtlich gesehen, in die Tradition des Sächsischen Westriegels, der auch in anderen Kirchenbauten jener Zeit anzutreffen ist. Die sehr kompakte, eher abweisende Fassade spiegelt die Macht des Herrschers. Im oberen Teil wird die Fassade durch das Glockenhaus, im unteren durch eine Fensterrose aufgelockert. 1982 wurde die Rose mit Glasmalereien geschmückt; sie zeigen die Posaunenengel des Jüngsten Gerichts.
An der Südseite des Domes sind vier Sonnenuhren angebracht; die ältesten stammen aus dem 14. Jahrhundert, die jüngste (oben rechts) aus dem Jahr 1716.

Seit über 800 Jahren blickt der Löwe auf die Burg Dankwarderode, den Sitz seines Herrn. Es sieht aus, als bewache er das Gebäude. Pikanterweise bewacht er, eine Kopie jüngeren Datums, sich selbst, denn das originale Bronzetier steht im Knappensaal der Burg. Rechts der Rathausturm.

Ein liebenswertes Kuriosum, in einer Ecke der Burgmauern, über einem Kellereingang erbaut: ein Antiquariat, renommierte Stöberecke, nicht nur für den Burgplatzbesucher. Die wohl kleinste Buchhandlung Deutschlands wurde 1949 eingerichtet.

Das Rathaus, genauer gesagt, das Neue Rathaus, wurde 1894 bis 1900 im neugotischen Stil erbaut. Der Turm des dreigeschossigen Gebäudes erinnert an flandrische Vorbilder.

Fachwerk am Burgplatz: das Veltheimsche (links) und Huneborstelsche Haus. Das Gebäude mit den vorkragenden Obergeschossen, das Achatz von Veltheim 1573 erbauen ließ, ist, nach dem Dom, das älteste Haus im Burgplatzensemble. Das Fachwerk auf dem unteren Foto ist jüngeren Datums und gehört zur rekonstruierten Burg. Der auf Bogen ruhende Durchgang verbindet sie unmittelbar mit dem nördlichen Querhaus des Domes.

maßgeblich an der Einbürgerung des Österreichers Hitler in das Deutsche Reich – via Regierungsratstelle in Braunschweig – beteiligt, wollte nun Fakten schaffen, damit Braunschweig die Hauptstadt eines geplanten, doch nie verwirklichten Gaus Ostfalen werden könnte; Fakten, die Berlin bei den Reformplänen nicht übergehen durfte.

Industrie und Wirtschaft galt es zu fördern. Die Voraussetzungen dafür waren nicht schlecht: 1933 wurde Braunschweig Hafenstadt, denn der Mittellandkanal war soeben eröffnet worden; 1935 nahm der Zentrale Verkehrsflughafen seinen Betrieb auf; entstehen sollte in Braunschweig der größte Verschiebebahnhof Europas, und mit Eisenverhüttung und Stahlproduktion war der Raum Salzgitter-Braunschweig-Wolfsburg zu einem industriellen Schwerpunkt ausersehen worden. Forschung und Lehre standen ebenfalls auf Klagges Programm, und die Graböffnung sowie eine repräsentative Neugestaltung sollten unterstreichen, um welch bedeutsame Stadt es sich handele.

Heinrich der Löwe – Wille und Tat. Das war so recht nach dem Geschmack der Nationalsozialisten. Wo, wenn nicht in Braunschweig, konnte der NS-Führungsnachwuchs besser herangebildet werden. Das Residenzschloß verwandelte sich in die SS-Junkerschule; der »Akademie für Jugendführung« errichtete man ein eigenes Gebäude, derzeit ist die Müllerschule und anderes mehr darin untergebracht, und die Reichsführerinnenschule des BDM sollte ebenfalls nach Braunschweig gezogen werden.

Überraschend erscheint Hitler im Juli 1935 in Braunschweig. Er läßt sich das Grab zeigen. Wenig begeistert scheinen die Nazis von dem gewesen zu sein, was sie fanden. Ihr Liebling Heinrich der Löwe »zeigte kleine Gestalt. Vom Scheitel bis zur Ferse wurden 162 Zentimeter gemessen. Endlich ließ sich erkennen, daß der Tote mißgestaltet war. Das linke Bein zeigte eine Verkürzung um zehn Zentimeter«, heißt es im Ausgrabungsbericht.

Ein kleinwüchsiger Mann statt eines germanischen Recken – die Nazis sind darüber hinweggekommen, haben eine düstere Krypta unter dem Grabmal im Dom bauen lassen, dort die Sarkophage mit den Gebeinen Heinrichs und Mathildens sowie einen Kindersarkophag aufgestellt, den Dom zur »Nationalen Weihestätte« erklärt und die Obergadenwände mit Szenen der Ostland-Eroberung bemalen lassen.

Der Dom St. Blasii – Die neue Baugesinnung

An St. Blasii, einer romanischen Kirche, fallen vor allem die beiden Seitenschiffe auf. Es ist erkennbar, daß sie nicht dem ursprünglichen Bau zugehören. Es sind Zutaten späterer, gotischer Zeit, wobei der dem Domplatz zugewandte Bau 1346, der auf der Burgplatzseite mehr als ein Jahrhundert danach fertiggestellt wurde. Der romanische Dom wurde gotisiert. Wie im übrigen nahezu alle Kirchen Braunschweigs. Einen ersten Hinweis auf die neue Baugesinnung bietet das Langhaus in der Ecke, die durch das Querhaus gebildet wird. Zu finden sind dort zwei gotische Fenster, eines auf jeder der Langhausseiten.

Die Kirche war eben geweiht (1226), als man sie auch schon zu verändern begann. Heinrich der Löwe hält auf der Grabplatte das Modell des Doms in seiner Hand. Es zeigt schon das große gotische Fenster. Die Gotik hat, salopp gesagt, ein bestimmter Mensch erfunden. Es war Abt Suger von Saint-Denis

(1081–1151), einem Benediktinerkloster bei Paris. Suger ließ die Kathedrale von Saint-Denis nach seinen Vorstellungen neu errichten und schuf mit ihr das erste Denkmal gotischer Architektur. Der Abt konnte es sich finanziell leisten, sein Kloster war reich. Es war das Kloster, das Frankreichs Könige seit Chlodwig zu ihrer Grablege bestimmt hatten; folglich war es ein bedeutendes Kloster. Suger ließ sich weder von der Konzeption klösterlicher Armut leiten, noch von der absoluten Entsagung der Welt. Alle irdischen Schätze haben zum Ruhme Gottes zu erstrahlen. Trotz aller Angriffe der Vertreter des Armutsideals begann er mit dem Wiederaufbau und der Ornamentierung der Abteikirche. Einzig zur Ehre Gottes und des heiligen Dionysius, Schutzheiliger des Klosters, aber auch zur Ehre der Könige Frankreichs, die in seiner Abtei begraben lagen. Die Reliquien des Dionysius galten als diejenigen des Dionysius Areopagita, eines bis heute anonym gebliebenen Theologen, angeblich Schüler des Paulus, eines auf jeden Fall aber höchst einflußreichen frühchristlichen Denkers. Auf ihn stützt sich Suger, auch, was die Kunst betrifft.

Gott ist Licht – Die Kirchen bekommen Fenster

Im Mittelpunkt steht die Idee: Gott ist Licht. Jede Kreatur hat Anteil am Licht. Sie empfängt göttliche Erleuchung je nach dem Rang, den sie auf der Stufenleiter aller Wesen einnimmt, je nach dem Rang, den göttliches Denken ihr zugewiesen hat. Die Erleuchtung strahlt sie ihrerseits wieder aus. Das Universum ist ein leuchtender Quell, es ist hervorgegangen aus einem Strahlenmeer, es stürzt kaskadengleich herab. Das Licht durchflutet die ganze Welt, es ist ein Band der Liebe, es schafft Ordnung und stiftet einen inneren Zusammenhalt. Gott ist Licht; Licht strömt herab und steigt wieder auf – also kommt es darauf an, so viel Licht wie möglich in die Kirche hineinzulassen. Was bedeutet: Die Mauern müssen fallen. Der massive romanische Bau, der sich abschließt, der Welt gewissermaßen den Rücken kehrt, sie vor den Portalen läßt, damit sein heiliges Inneres nicht vom Profanen gestört werde, dieser massive Bau wandelt sich in der Gotik ins Gegenteil. Die Welt soll jetzt hineinströmen, das Heilige soll hinaus in die Welt; ein Austausch findet statt zwischen innen und außen, oben und unten. Gott ist in Christus Mensch geworden; hat sich Menschengestalt gegeben, denkt, fühlt und handelt wie ein Mensch und leidet am Kreuz wie ein Mensch – und ist doch Gott. Es sind die großen Themen der Scholastik.

Ihr reinstes architektonisches Äquivalent sind die gotischen Kathedralen, die nun in Frankreich und bald darauf in ganz Europa entstehen; Äquivalent – mindestens eine Annäherung – wollen aber auch die anderen Gotteshäuser sein, die die neue Spiritualität aufnehmen. Wie unter anderem der Dom St. Blasii zu Braunschweig und die Stadtkirchen.

Fenster haben die romanischen Mauern zu ersetzen, treten an deren Stelle, soweit es immer die Baustatik zuläßt. Filigran löst Massigkeit ab, möglichst farbig soll das Licht in den Innenraum treten, denn die Farbe steigert die Schönheit des Lichts. So werden die Fenster denn mit farbigem Glas versehen. So strömt also Licht in den Kirchenraum, in unserem Fall den Dom, wenn auch nur an wenigen Stellen farbig. Das Licht taucht das romanische Langhaus in milde Helligkeit. Schummerig bleibt es einzig in den Querhausarmen und dem

Der Altstadtmarkt lag im Schnittpunkt mittelalterlicher Handelswege; seine Architektur demonstriert Selbstbewußtsein, Macht und Wohlstand der bürgerlichen Gesellschaft jener Zeit. Im Altstadtrathaus, einem rechtwinkligen Zweiflügelbau mit zweigeschossigen gotischen Laubengängen, tagte der Rat der Stadt, wurde Recht gesprochen und den Herzögen gehuldigt, wenn sie die Privilegien der Stadt garantiert hatten. Doch auch Speicherräume und die Folterkammer waren in dem Gebäude untergebracht. Die Haupt- und Marktkirche der Altstadt, St. Martini, entstand als romanische Pfeilerbasilika und wurde im 13. Jahrhundert zur gotischen Hallenkirche umgebaut. Der Marienbrunnen spiegelt die Meisterschaft gotischen Handwerks. Die von der Luftverschmutzung angegriffenen Bleischalen wurden 1988 durch eine Kopie ersetzt.

Chor – eine anschauliche Demonstration, wie es etwa vor dem Umbau mit der Beleuchtung beschaffen gewesen sein mag.

Gott ist herabgestiegen, hatten wir gesagt, hat seiner göttlichen Majestät das Menschsein hinzugegeben in Christus. Menschsein heißt: dem Irdischen, dem Hier und Jetzt unterworfen sein; Geschichte haben; Biographie haben; heißt: leiden müssen, hingerichtet werden, am Kreuz; heißt Erniedrigung erfahren. Der Christus der Romanik ist eine Hoheit, ein Herrscher, ein thronender Richter, der über das Heil der Menschen entscheidet, sozusagen von oben herab. Der Christus der Gotik hat den Thron verlassen und ist Mensch geworden, ein Leidender unter Leidenden, ist kein Richter mehr.

Das Imervard-Kreuz – Ein romanischer Christus

An der östlichen Mauer des dem Burgplatz zugewandten gotischen Seitenschiffs – regelmäßig »Halle« genannt, weil es ein Innenbau ist – hängt das Imervard-Kreuz, ein Holzkruzifix, so genannt nach dem Holzschnitzer Imervard, der es um 1150 oder wenig später geschaffen hat. Ein bemerkenswertes Kunstwerk; der Entstehungszeit nach gehört es in die Romanik. Bemerkenswert deswegen, weil es genau das zeigt, was soeben angesprochen wurde. Jesus Christus hat nichts von seiner Majestät eingebüßt, obwohl man ihn ans Kreuz geschlagen hat. Man hat ihm Gewalt angetan, aber er hängt nicht an diesem Kreuz, er steht sozusagen aufrecht, die Arme ausgebreitet wie zu einer großen Geste, aktiv, wenn man so will. Eine schlanke, aber festgebaute Gestalt, die eigentlich gar nicht an das Kreuz gehört, so will es scheinen. Ein Christus, der seinem ganzen körperlichen Ausdruck nach das Hinrichtungsinstrument beherrscht und nicht von ihm beherrscht wird; ein Erlöser – das Herz im Kreuzungspunkt der beiden Balken –, der das Kreuz unter seine Botmäßigkeit zwingt. Ein romanischer Christus.

Aber auch schon ein leidender Erlöser; einer, der schon Mensch geworden ist, besser: dabei ist, es zu werden. Noch vermag das schmale Antlitz den Betrachter nicht davon zu überzeugen, daß sich Leid in ihm spiegele; daß hier Schmerz, nicht Ergebung ablesbar, daß unendliche Verlassenheit heraufgezogen sei, daß dies das Ende sei. Die herabhängenden Mundwinkel, die hochgezogenen Augenbrauen scheinen eher auf Verdrossenheit, vielleicht auf Verachtung zu deuten als auf Schmerz. Der wirklich leidende Christus tut es mit seiner gesamten Gestalt: seinen Gliedmaßen, seinem Körper, seinem Kopf und Antlitz. Der Imervard-Kruzifixus ist noch weit davon entfernt.

Das Gewandhaus – Zweckmässigkeit und Repräsentation

Der Burgplatz mit Palas und Stiftskirche gehörte dem Fürsten. Das selbstbewußte Bürgertum benutzte den Altstadtmarkt, um sich darzustellen. Es trumpfte auf und baute eines der beeindruckendsten gotischen Rathäuser Norddeutschlands. Dies Gebäude will repräsentieren, zeigt bürgerlichen Wohlstand und patrizische Macht her. Auf der anderen Platzseite dann das Gewandhaus, das Gildehaus der vornehmsten Kaufmannsvereinigung der Altstadt, der Tuchhändler. Eine rund 60 Meter lange schmucklos-nüchterne Seitenwand, nur von Fenstern durchbrochen. Dieser Anblick ist das Ergebnis des Wiederaufbaus nach dem Krieg. Die Seitenwände des Gewandhauses waren früher zugestellt mit Fachwerkhäusern. Schon im 14. Jahrhundert hatten sich niedrige Verkaufsbuden gegen die Mauer gelehnt, dann waren Wohnhäuser daraus geworden Diese Symbiose endete für die Südseite 1905, als das Fachwerk dem Neubau der Industrie- und Handelskammer weichen mußte. Was sich an der Nordseite des Gewandhauses, also der Marktseite, in den Jahrhunderten angelagert hatte, vernichtete der Krieg. Das Gildehaus wurde wieder aufgebaut, die Fachwerkhäuser nicht. Ein entfernter Anklang an das ursprüngliche Bild mag die Zuordnung des ehemaligen Zollhauses sein, das aus Rüningen in den Jahren 1948 bis 1950 hierher umgesetzt wurde und einen freundlichen Akzent bildet. Bürgersinn übt sich in Zweckmäßigkeit – das Gewandhaus ist ein solcher Bau. Bürgersinn will aber auch Erworbenes zur Schau stellen, will mit Reichtum nicht in jedem Fall hinter dem Berg halten: soll doch jeder sehen, wie weit wir es gebracht haben. Nur keine falsche Bescheidenheit. Der Marktbrunnen legt davon Zeugnis ab.

Gegen Ende des 16. Jahrhunderts müssen die Giebelwände des Gewandhauses erneuert werden. Eine glänzende Gelegenheit für die Tuchhändler herzuzeigen, wozu sie in der Lage sind: Der Westgiebel ist allerdings einfacher gestaltet als der östliche, und das hatte einen guten Grund. Er schaute auf den damals noch vorhandenen Martinifriedhof. Der prachtvolle Ostgiebel dagegen nahm, mit einem Seitenblick auf den Altstadtmarkt, die gesamte Kaufmannschaft bis zum Kohlmarkt ins Visier, damit auch jeder sehe, welch wohlhabende und damit auch für die Stadt wichtige Gilde die Tuchhändler doch seien. Das Gewandhaus ist ein beredtes Beispiel, wie Zweckmäßigkeit und Repräsentation zusammengehen können.

Schon im frühen 12. Jahrhundert wurde an diesem Fleckchen Stadt Markt gehalten. Lothar von Supplinburg verlieh um 1130 der Altstadt das Stadtrecht und damit das Privileg, handeln zu dürfen – ein Privileg, das Heinrich der Löwe und nach ihm sein Enkel, Otto das Kind, bestätigten. Braunschweig nutzte seine Möglichkeiten. Es wurde zu einer der bedeutendsten Städte im sächsischen Raum, wurde sogenannter Vorort der sächsischen Städte innerhalb der Hanse.

Im Prinzip ging es früher nicht anders zu auf dem Platz als heute. Kaufen und verkaufen über den Tresen der Marktbude oder des Marktstandes, das war es schon, allerdings mit dem gravierenden Unterschied, daß vorzeiten der Markt notwendig war, um die Leute zu versorgen. Heute ist er es nicht, man kann überall kaufen, was zum Leben benötigt wird.

Der älteste Teil des Rathauses sowie der Kirche stammen aus dem dreizehnten Jahrhundert; der Brunnen wurde am 25. November 1408, am Tage der heiligen Katharina, gegossen, und was die niedersächsische Welt im guten wie im bösen bewegte, das fand durch manches Jahrhundert auf diesem Platze seinen tausendstimmigen Widerhall ... Turnier und Messe, Mummenschanz und Prozession wechselten in bunter Folge.

Wilhelm Raabe (1831–1910)

Ausflug in die Geschichte – Ein Markttag im Mittelalter

Stellen wir ihn uns vor, einen Markttag an einem regnerischen Frühjahrsvormittag. Vormittag irgendwann im Mittelalter, wir sind großzügig. Die reine Freude dürfte es nicht gewesen sein, über den aufgeweichten Boden zu gehen, versehentlich in die mit Wasser gefüllten Fahrspuren der Karren zu treten, sich anrempeln lassen zu müssen, unabsichtlich oder auch absichtsvoll, weil ein Beutelschneider seinem Gewerbe nachging und im Gedränge verschwunden war, bevor man den Diebstahl bemerkt hatte. Vielleicht glitschte man auf Fischen aus, die einem Händler vom Tresen gerutscht waren, und mußte nun

Der Westgiebel des Gewandhauses wurde Ende des 16. Jahrhunderts von einem aus Hildesheim stammenden Baumeister errichtet. Gliedernde Pilaster, Schweifwerk und die Figur eines Friedensengels sind die schmückenden Elemente.

Das Gewandhaus, dessen langgestreckter Bau die Südseite des Altstadtmarktes abschließt, entstand im 13. Jahrhundert als Lager-, Verkaufs- und Gildehaus der hochangesehenen Gewandschneider. Am Ende des 16. Jahrhunderts wurden zwei Giebel im Stil der Renaissance hinzugefügt. Der reich gegliederte prunkvolle Ostgiebel (rechts), ein Werk des aus Süddeutschland stammenden Balthasar Kircher, ist lediglich vorgeblendet und entspricht nicht der Geschoßeinteilung.

Der Altstadtmarkt bietet ein gutes Beispiel für das in der jüngeren Baugeschichte Braunschweigs nicht gerade seltene Umsetzen und Ergänzen von Gebäuden. Ursprünglich stand eine Reihe von Fachwerkhäusern vor der Längsseite des Gewandhauses. Sie wurden im Zweiten Weltkrieg zerstört und nicht wieder aufgebaut, bis auf eines, einen historisierenden Neubau nämlich (oben), bei dem originale Holzteile des ehemaligen Rüninger Zollhauses von 1643 verwendet wurden. Die nun freiliegende Längsseite des Gewandhauses wurde umgestaltet: Der neue Eingang integriert das erhaltengebliebene Renaissanceportal der im Krieg zerstörten Hagenmarkt-Apotheke.

Rund zweihundert Jahre (etwa von 1250 bis 1450) hat es gedauert, bis die einzelnen Elemente des Altstadtrathauses, der Nord- und der Westflügel und die zweigeschossigen Laubengänge mit ihrem Maß- und Stabwerk zu einem vollkommenen Ganzen wurden. Zuletzt kam der an Strebepfeilern aufgestellte Skulpturenschmuck hinzu: Gestalten aus den Dynastien der Welfen und Ludolfinger. Der weit jüngere Figurenschmuck am gegenüberliegenden Stechinelli-Haus – ein Bettlerknabe mit einem Hut in der Hand und der springende Löwe darüber – erinnert an Francesco Maria Cappellini, genannt Stechinelli, der es im 17. Jahrhundert als Günstling der Welfenherzöge zu Ämtern und Reichtum brachte.

Das Kammergebäude, nahe der Martinikirche gelegen, verdankt seinen Namen der Funktion, die es hatte. Das 1764 errichtete Haus diente zur Zeit Herzog Karls I. als Verwaltungssitz der Fürstlichen Kammer, die für die Finanzen zuständig war. Das Tympanonrelief über der streng gegliederten Schaufassade zeigt das Wappen des Herzogs. Als Anhänger des Merkantilismus förderte Karl die wirtschaftliche Entwicklung Braunschweigs.

dessen Pöbeleien über sich ergehen lassen. Nach der Altstädter Marktordnung von 1582 war es zum Beispiel verboten, Fische, die in Salzlake eingelegt waren, auf dem Markt zu wässern und Gestank dabei zu verbreiten. Möglich, daß unserem Händler nun das Geschäft gänzlich verdorben war. An einer Marktecke stand ein merkwürdiger Mensch im Narrenkostüm herum, begleitet von einem Äffchen, und pries lauthals die Kunststücke an, die das possierliche Tierchen vollführen könne. Das Interesse der Leute hielt sich jedoch in Grenzen, sie schoben sich an dem durchnäßten Menschen mit seinem Äffchen vorbei, hatten weder Lust noch Zeit für solch närrisches Zeug. Unweit von ihm hatte sich ein Franziskaner auf einen Stein gestellt. Seine graue Kutte aus minderwertigem Tuch schien noch grauer und noch minderwertiger zu sein durch die Nässe, die sie inzwischen eingesogen hatte. Der Mönch aber predigte unverdrossen, wetterte gegen die Sekte der Katharer, dieses gottlose Ketzerpack, das sich ausgebreitet hatte wie eine biblische Plage und auch vor den Toren Braunschweigs nicht haltmachen würde, wenn sich die Braunschweiger von dem Irrglauben anstecken ließen. Was Gott verhüten möge. Dabei wischte er sich den Regen aus dem Gesicht und blickte mißtrauisch zu einem Dominikaner hinüber, der sich gar nicht weit entfernt postiert hatte. Der war ein großer Redner, wußte unser Franziskaner, und wenn er anhob, liefen ihm die Zuhörer weg. Viele waren es ohnehin heute nicht; dennoch, Konkurrenz ist in diesem Falle schädlich. Unser Marktbesucher hatte sich mittlerweile bis zu St. Martini durchgekämpft, um die Messe zu hören, wurde aber von einem Zahnbrecher zunächst daran gehindert. Der stand auf einem winzigen niedrigen Podium, neben sich einen Stuhl, und bot unüberhörbar seine Dienste an. Jeder faulige, stinkende, schmerzende Zahn werde von ihm ruckzuck aus dem Mund gerissen, noch ehe sich's der geplagte Mensch versehe. Nichts bemerke er von dieser Handhabung, und, eins, zwei, drei, sei die Sache vorbei. Der Herr hier habe doch sicher einen faulen Zahn ... Unser Marktbesucher schüttelte unwirsch die Hand, die nach ihm gegriffen hatte, von seiner Schulter und flüchtete in das Kircheninnere.

Bürgerliches Selbstbewußtsein äußert sich immer auch beim Bau der Marktkirche. Bewußt und gewollt, mitunter als gezielter Affront gegen den fürstlichen Stadtherrn oder den Bischof, wird das bürgerliche Gotteshaus aufgeführt; und, wenn möglich, noch ein bißchen größer, noch ein bißchen höher, und noch ein bißchen reicher ausgestattet als das der Konkurrenz. Nachdem Heinrich der Löwe von seiner Pilgerfahrt ins Heilige Land zurückgekehrt war, begann er mit dem Bau der Stiftskirche St. Blasii (1173). Um die Jahrhundertwende tun es die Altstädter ihm nach. Wohl nicht, um ihn zu ärgern – das Verhältnis von Stadtherr und Untertan war auskömmlich; Heinrich der Löwe war sich durchaus bewußt, was Städte für sein Herzogtum bedeuteten –, aber doch, um sozusagen die Wegmarken zu setzen; schon gar keine Drohgebärde, aber doch eine Demonstration sich entfaltender Kraft. Historisch gesehen lief es ja darauf hinaus, daß die Braunschweiger später ihre Grundherren aus der Stadt graulten, für Jahrhunderte, und sich unabhängig von ihnen machten. St. Martini, die Marktkirche, hat man, wie die übrigen Braunschweiger Kirchen auch, von einer romanischen Basilika in eine gotische Hallenkirche umgewandelt, so gut es eben ging. Die Westfront mit den beiden Türmen, abgesehen von dem Glockenhaus zwischen ihnen, ist romanisch geblieben. Sie war bereits fertiggestellt, als der Stilwechsel einsetzte.

Rathaus und Marktkirche, die Repräsentanten weltlicher und geistlicher Macht, gehören zusammen. In besonderem Maße wird dies am Altstadtmarkt deutlich. Die Ähnlichkeit der Fassadengliederung beider Bauwerke ist nicht zu übersehen. Zug um Zug wurden beide Bauten stilistisch aufeinander abgestimmt. St. Martini wandelte sich ins Gotische, also wandelte sich das Rathaus auch, und der Westflügel erhielt 1393 bis 1396 die zweigeschossigen Lauben; gleichzeitig wurde der Nordflügel ausgebaut. St. Martini, nach Osten noch mit einer geraden Wand abschließend, erhielt den polygonalen gotischen Chor. Als der Rathaus-Nordflügel fertiggestellt war, wurde auch er mit den Lauben versehen. An den Pfeilern stellte man Skulpturen der Herrscher nebst Gemahlin auf. Um das Jahr 1700 schließlich, also im Barock, pflanzte man fünf Giebel auf den Chor der Kirche und belegte sie mit Zierwerk, das mit gotischen Formen freilich nichts gemein hat.

Im Schatten von St. Martini – Vom Bürgersinn und der Fürstenherrlichkeit

Wenn der Altstadtmarkt mit seinen Bauten Erinnerung an die Bürgerherrlichkeit ist, so ist das, worauf der Flaneur südlich beziehungsweise südwestlich von St. Martini stößt, Erinnerung an Fürstenherrlichkeit. 1671 hatte Rudolf August, Herzog von Braunschweig-Wolfenbüttel, verbündet mit seinen welfischen Vettern, Braunschweig nach längerer Belagerung erobert. Mit dem Dasein der Einwohner als unabhängige Bürger war es fortan vorbei. Das Fürstenhaus hatte die Stadt nach Jahrhunderten wieder in seine Botmäßigkeit gezwungen. Was für Braunschweig nicht unbedingt nachteilig war, denn auf diese Weise kam wieder Geld in die mittlerweile verarmte Stadt. Wirtschaft und Kultur gediehen zu neuer Blüte.

Vom Westportal St. Martinis schräg nach links gesehen, erhebt sich ein elegantes Haus: das ehemalige Kammergebäude, Sitz der Fürstlichen Kammer, die Finanzverwaltung mithin, heute Staatshochbauamt. Der Baustil ist gemischt: klassizistisch straff der Gesamteindruck, aber aufgelockert durch barocke Elemente.

Eine Drehung nach links, und es fällt ein Gebäude von unverkennbar hoheitlichem Ausdruck ins Blickfeld: das ehemalige Landschaftliche Haus, in dem die »Landschaft«, das Ständeparlament des Herzogtums, tagte. Man muß korrigieren: Zu sehen ist lediglich die rekonstruierte Fassade mit Portikus, die einem Neubau vorgeblendet wird. Dennoch besteht die hoheitliche Geste nach wie vor zu Recht, das Gebäude wird Sitz des Amtsgerichts.

Angesichts dieses gepflegten Ensembles, und eingedenk der Alten Waage mitsamt St. Andreas könnte sich mancher Betrachter fragen, ob Braunschweigs Stadtväter wohl neue »Traditionsinseln« schaffen wollen; verschmitzt lächelnd, weil sie wissen, daß mit Geschichte, an die man sich gern erinnert, noch stets gut wuchern war, und daß mit den Nachkriegs-Neubauten, so zweckmäßig sie auch immer gewesen sein mögen, nur schlecht zu repräsentieren ist.

Die Erwerbung der Stadt Braunschweig durch den Herzog Rudolf August, die großen Unkosten, die er gehabt hat, um sie zu erhalten und zu verteidigen, die Schulden, die er in Höhe von mehr als 1 500 000 Talern (wie einige dort zu Lande behaupten) übernommen hat und die er für sie abtragen muß, sind der Grund dafür, daß das Fürstentum Wolfenbüttel nicht so reich ist wie Celle und Hannover. Trotz aller Schwierigkeiten spart dieser Fürst weder Gunst noch Gaben, um die Stadt wieder zu ihrer früheren Blüte zu bringen.

René Marquis d'Arcy-Martel (1685)

Von Braunschweigs einstmals bedeutender Stadtmauer und den Befestigungsanlagen ist nur wenig erhalten geblieben. Das eindrucksvollste, allerdings restaurierte Mauerstück steht am Prinzenweg, in der Nähe der Michaeliskirche. Im spätbarocken Stobwasserhaus in der Echternstraße, einem überstrichenen, Massivbau nachahmenden Fachwerkgebäude mit Zwerchhaus und großem Tor, war bis in das 19. Jahrhundert hinein die Lackwarenmanufaktur Johann Heinrich Stobwassers untergebracht. Die Behältnisse aus Pappmaché, Holz und Blech, die mit Lack überzogen und mit Miniaturen bemalt waren, hatten einen hervorragenden Ruf und wurden auch jenseits der deutschen Grenzen gehandelt.

St. Michaelis, die kleinste Pfarrkirche der Stadt (rechts das Westportal), liegt an der Güldenstraße. Diese war im Mittelalter ein bedeutendes Teilstück des nach Frankfurt führenden Handelsweges und wurde wohl deshalb Standort einer Reihe prächtiger Fachwerkhäuser. Links neben der Kirche (unteres Foto) steht das Haus zur Hanse, rechts der umgebaute Komplex des Michaelishofs. Das schmalste Haus der Güldenstraße – und Braunschweigs – mißt nur 3,30 Meter (links).

Architektur und Strasse – Eine problematische Nachbarschaft

Die verbleibenden drei Traditionsinseln St. Aegidien, St. Magni und St. Michaelis haben ein Merkmal gemeinsam: Sie leben in höchst unwirtlicher Nachbarschaft zu verkehrsreichen Durchgangsstraßen. Diese Straßen drängen sie, die ohnehin schon ein insulares Dasein führen, nun vollends ins Abseits. Ihre Randexistenz ist eine Folge der Verkehrsplanung, die Braunschweig zu einer »autogerechten Stadt« machen wollte. Auch andere Städte waren dieser Zwangsvorstellung erlegen. Der Schaden ist oft genug irreparabel.

»Nach der großflächigen Umstrukturierung des Verkehrsverlaufs am Bohlweg, Stobenstraße und Aegidienmarkt in der Nachkriegszeit führt auf die heutige im Stadtgefüge völlig offenliegende Nordflanke der Kirche (St. Aegidien) die mehrspurige östliche Kerntangente zu und an ihrem Fuß vorbei, so daß der alte, historisch gewachsene, städtebauliche Zusammenhang zwischen Altewiek/St. Magni und St. Aegidien durchtrennt wurde« (Kimpflinger, Seite 127).

Man darf nicht glauben, der 52. Breitengrad, unter dem Braunschweig liegt, mache sich durch 15–20 Grad Reaumur und schönen Sonnenschein geltend. Das Wetter war meist viel unangenehmer; es ist dauernd veränderlich... In acht Tagen sieht man ein Gerüst aus Eichenholz entstehen; in den nächsten acht Tagen wird es mit Ziegeln gefüllt und die Lücken mit Mörtel verschlossen; schließlich setzt man des Schnees wegen ein spitzes, ziemlich hohes Dach darauf. So wird ein Haus in vier Wochen gebaut und kann 300 Jahre stehen.

Stendhal (1783–1842)

Dominierte bei den Traditionsinseln Burgplatz und Altstadtmarkt deren Öffentlichkeit über die Privatheit, so ist es bei St. Michaelis und St. Magni genau umgekehrt: Die Privatheit hat den Vorrang vor der Öffentlichkeit. St. Aegidien macht insofern eine Ausnahme, als die Kirche Teil eines Klosters war. Das heißt: St. Michaelis und St.Magni sind in erster Linie Wohngebiete. Dort findet sich heute das größte zusammenhängende Areal bürgerlicher Architektur des 16. bis 19. Jahrhunderts, das Braunschweig noch aufzuweisen hat.

St. Michaelis wird von der Güldenstraße, einem zwei- bis dreispurigen Verkehrsweg je Fahrtrichtung, wie ein Aussätziger behandelt, den man statt Mitleid seine ganze Mißachtung spüren läßt. Oder, mit einem anderen Bild gesagt: Das Quartier, seit Kriegsende ohnehin schon am Boden liegend und um Schonung flehend, wird auch noch getreten. Der Fußweg zwischen dem Fahrbahnrand und der Kirchen-Ostwand ist etwa 1,50 Meter breit. Die St. Michaeliskirche markiert – einer Dorfkirche gleich – etwa den Mittelpunkt dieser sich in Nord-Südrichtung erstreckenden, nicht einmal zweihundert Meter langen Traditionsinsel. Die Güldenstraße war schon seit dem Mittelalter eine wichtige Verbindung zwischen Petritor und Michaelistor. Und immer schon wurden wichtige Straßen von repräsentativen Bauten flankiert. Heute aber wirken diese Bauten an dieser Stelle nur noch deplaziert. So verdienstvoll es auch ist, historische Bausubstanz zu retten, vielleicht sogar neu aufzubauen, wie die Häuser nördlich und südlich der Kirche – das »Haus zur Hanse« also; den Komplex »Michaelishof« einschließlich des ehemaligen Gasthofs »Stadt Seesen«; den putzigen, drei Meter breiten Lückenfüller mit nur zwei Fensterachsen –, so verdienstvoll dies auch ist, es paßt schlichtweg nicht zu dieser Straße. Der Verkehrsweg und seine westliche Randbebauung stoßen einander ab, obwohl sie sich ergänzen sollten. Die Bebauung hat Kulissenfunktion. Die aneinandergereihten Häuser in der Echternstraße, Fachwerk und Massivbau bunt gemischt, vermitteln den Eindruck armer Verwandtschaft, bezogen auf die Güldenstraße. Nur die Kirche wendet sich mit Turm und Eingang denen zu, die da mühselig und beladen sind; den anderen zeigt sie das Hinterteil. Die Autos in der Güldenstraße schrammen hart daran vorbei.

Ein Haus aber fällt aus dem kleinbürgerlichen Rahmen heraus. Es ist die ehemalige Stobwassersche Lackwarenmanufaktur, Echternstraße 16. 1789 errichtet, erhebt es sich über die bescheidenen Bürgerhäuser an seinen Seiten, beansprucht sichtlich ein gewisses Maß an Würde und versteht zu repräsentieren. Es ist aus Fachwerk gebaut, aber übermalt, womit es den Eindruck eines Massivbaus hervorrufen will. Es orientiert sich an höfischen Architekturformen und verleugnet bürgerlich-braunschweigische Fachwerkkonstruktionen. Seine Fenster sind größer, die Innenräume höher – die Ansprüche an Wohnqualität waren gestiegen, als es gebaut wurde. Johann Heinrich Stobwasser, sein Besitzer, konnte sich den Luxus leisten.

Altes Haus am neuen Ort – Die rettende Denkmalpflege

Von ähnlicher Beschaffenheit ist die Traditionsinsel Magniviertel, mit dem Unterschied freilich, daß sich hier trefflich flanieren läßt. Vorhanden sind reichlich Ladengeschäfte, die häufig genug die Fachwerkfassaden ruinieren; vorhanden sind auch reichlich Kneipen, was den besonderen Reiz dieser Traditionsinsel ausmacht.

Auf die Fülle des Fachwerks einzugehen ist in diesem Rahmen nicht möglich. Was aber springt ins Auge? Es sind die Gebäude auf den Grundstücken Hinter der Magnikirche 1 bis 6.

Nummer 1 gefällt vermöge seiner wohlgestalteten Front mit den beiden Ladeluken, den geschnitzten Ornamenten, die auf zwei Bauperioden hinweisen: der Treppenfries und die gekerbten Knaggen aus dem frühen 16. Jahrhundert, das Diamantband, Tauband, der Zahnschnitt und die Volutenkonsolen aus der zweiten Hälfte des 17. Jahrhunderts. Das Haus wurde um diese Zeit umgebaut. Damals war sein Standort noch in Ölschlägern. Dem Durchbruch der Schloßstraße stand es im Wege. Die Denkmalspflege konnte es retten, auch wenn es nur die Fassade war, die man um vier Gefache kürzen mußte, damit sie an dem neuen Platz aufgestellt werden konnte.

Nummer 2 und 3 mißfallen ein wenig, denn sie sehen aus wie beliebig zusammengefügte Bauten, die auf Trümmergelände schnell hochgezogen wurden, wobei herumliegende Hölzer verwendet worden sind. Was alles auch der Fall war. Immerhin stammten die Fachwerkreste aus der Renaissance.

Nummer 4 wiederum ist, wie Nummer 1, ein Neuzugang der Nachkriegszeit und von ansehnlicher Figur. 1955 wurde es vom Kohlmarkt hierher versetzt – »transloziert«, wie wir nun endlich auch fachmännisch sagen wollen. Ursprünglich diente es als Pfarre der 1544 aufgelösten Ulrici-Gemeinde. Nummer 5 schließlich ist das einzige Haus, das sich aus spätgotischer Zeit, dem 15. Jahrhundert, noch erhalten hat, und es duckt sich wie schutzsuchend zwischen seine Nachbarn, vor allem an die Nummer 6, die als Ziegelbau in dieser Reihe auffällt; zudem ist es ein verhältnismäßig hohes Haus. Ludwig Winter, Braunschweigs Stadtbaurat, der später auch Burg Dankwarderode bauen wird, hat es 1885 für die Strombecksche Stiftung errichtet. Es ist interessant zu beobachten, wie der Architekt darauf achtet, daß das Haus nicht allzu sehr über seinen kleinen Nachbarn herrscht. Er betont die Horizontale, trennt mit einem Sims deutlich das Erd- vom ersten Obergeschoß und mit einem stark akzentuierenden Traufgesims das Ober- vom Dachgeschoß. Auf diese Weise wird die Aufwärtsbewegung des Gebäudes ganz erheblich gebremst. Außerdem verwendet Winter ein Fensterbankgesims, das die beiden Erdgeschoßfen-

Schmal sind die Straßen im Magniviertel. In dem um die Kirche herum führenden, einseitig bebauten Straßenzug Hinter der Magnikirche steht das einzige, nahezu unverändert erhaltene Fachwerkhaus aus spätgotischer Zeit: zweistöckig, leicht vorkragend, mit Treppenfriesschmuck am Gebälk.

Die Pfarrkirche St. Magni steht im Zentrum des gleichnamigen alten Stadtviertels. Baugeschichtlich teilt sie das Schicksal einiger anderer großer Kirchen der Stadt: romanische Ursprünge, Umbau zur gotischen Hallenkirche, ein wuchtiger Westriegel, aus dem die Türme wachsen. Bei St. Magni wurde der Nordturm nie vollendet. Nach den schweren Zerstörungen während des Zweiten Weltkriegs entstand beim Wiederaufbau eine reizvolle Verklammerung alter und neuer Elemente. Zu den neuen Bauteilen gehören der kleine Westgiebel mit der schlichten Bronzefigur des Rufers, der an die schrecklichen Folgen des Krieges gemahnen soll.

Jahrhundertelang wurden die Fachwerkhäuser im Magniviertel erweitert und umgebaut. Manchmal führten die Zwänge moderner Städteplanung und die Interessen der Denkmalspflege zum Umsetzen ganzer Fassaden, die ihren alten Standort verlassen mußten und Neubauten vorgeblendet wurden (links). Erhalten beziehungsweise restauriert wurde die spätmittelalterliche Bausubstanz einer großen Hofanlage, die heute als Hotel genutzt wird (rechts).

Bisweilen mag es dem Besucher des Magniviertels vorkommen, als betrachte er ein architekturgeschichtliches Bilderbuch, dessen Seiten verheftet wurden: Da steht am Ölschlägern 16 ein behäbiges Fachwerkhaus aus dem ersten Drittel des 18. Jahrhunderts, und die großen, 1888 eingebauten Schaufensterfronten werden gegliedert von gußeisernen Säulen und kannelierten Pilastern – den Stilelementen der Gründerzeit (links). Das Magnitor bewachte im Mittelalter den Ausgang der Stadt nach Osten, Richtung Magdeburg. Noch heute erkennt man in der nach dem Tor benannten Straße (rechts) am Wechsel der Baustile den Wechsel der Zeiten. Das Haus Am Magnitor 7 besteht wie die andern aus Fachwerk, doch das 1896 vorgesetzte, aus Holz gearbeitete, Barock und Renaissance entlehnte Schmuckdekor verkündet unwiderruflich das Ende einer Epoche.

Das Lessingdenkmal am Lessingplatz wurde 1853 von Ernst Rietschel, dem Schöpfer des Goethe-Schiller-Monuments in Weimar, geschaffen und in der Braunschweiger Werkstatt Howaldt gegossen. Die 2,60 Meter große, porträtähnlich gestaltete Bronzefigur erinnert an den Dichter, der mehrere Jahre die herzogliche Bibliothek in Wolfenbüttel leitete und 1781, während eines Besuches in Braunschweig, starb.

Das Geburtshaus des Komponisten Louis Spohr steht auf dem ehemaligen Kirchhof der Aegidiengemeinde (oben).
Das Wohnhaus des Dichters und Juristen Johann Anton Leisewitz (links) befand sich ursprünglich in der Wallstraße, mußte dort dem Neubau eines Parkhauses weichen und wurde nach St. Aegidien transloziert. Dort steht es nun an der Stelle, an der sich früher das Sterbehaus von Lessing befand, das im Krieg zerstört wurde.

St. Aegidien wurde zu Beginn des 12. Jahrhunderts auf der höchsten Erhebung der Stadt, dem »Köpfeberg«, errichtet. Ursprünglich Teil eines Benediktinerklosters, von dem heute nur noch wenige Überbleibsel erhalten sind, erfuhr die turmlose Kirche mit dem gewaltigen Dach und den am Außenbau sichtbaren Strebepfeilern eine ungewöhnliche Geschichte. 1811 wurde sie säkularisiert und diente als Torf- und Salzspeicher, als Militärdepot und Konzertraum, bis sie ab 1902 als Ausstellungshalle des Vaterländischen Museums genutzt wurde, aus dem sich später das Braunschweigische Landesmuseum entwickelte. Erst nach dem Ende des Zweiten Weltkrieges wurde St. Aegidien wieder zur Kirche.

ster miteinander verbindet und eine weitere horizontale Linie hinzufügt, wie es zuletzt auch mit dem Sims über den Kellerfenstern der Fall ist. Die Tür hat er an die dem Fachwerkhaus entfernte Fassadenseite gelegt. Ihr Bogen hätte in dessen Obergeschoß geragt. Der Architekt hat überdies die beiden Fenster axial versetzt und sie unterschiedlich groß gestaltet, wodurch er ein weiteres Mal eine Bewegung in die Höhe unterbunden hat.

Die Magnikirche – Eine unkonventionelle Mahnerin

St. Magni ist eine Kirche von ganz eigenartigem architektonischem Reiz. Sie, die starke Kriegsschäden überwinden mußte, bietet einen recht unkonventionellen Anblick. So, als habe man in aller Eile Baukörper aneinandergefügt, die zwar nicht zueinander passen, aber doch ein in sich geschlossenes Ganzes darstellen sollen. Dem landesüblich kompakten Westbau schließt sich ein Langhaus an, das um so gestreckter wirkt, weil es vergleichsweise niedrig ist. Die dem Platz zugewandte Südseite ist fensterlos, von dem quadratischen Mauerdurchbruch über der Pforte abgesehen. Die Nordwand besteht aus vertikalen Betonsprossen, riesigen Gitterstäben gleich, zwischen denen sich farbiges Glas spannt. Man glaubt, eine Art Prothese vor sich zu haben. Die beiden Ostjoche mit dem Chor bilden wiederum eine eigene Baugruppe. Die Giebelwand des Ostteils überragt das Satteldach des Langhauses – das Dach ist asymmetrisch gebaut, was ohne weiteres nicht sichtbar wird –, an der Giebelwand ist in Firsthöhe eine Bronzefigur angebracht, die »Rufer« genannt wird, eine Fanfare bläst und damit an die Folgen des Krieges gemahnen soll. Die Figur tutet zu Recht. Ihre Kirche bietet für diese Folgen ein gutes Beispiel.

Auch der Innenraum wirkt unkonventionell. Man betritt ihn durch die Südpforte. Der Blick fällt sofort auf die Betonsprossen. Die Verglasung stellt sich dem Kundigen dar als Zug des Volkes Israel durch das Rote Meer, und eine Bankreihe an der fensterlosen Südseite lädt zum Platznehmen ein, damit der Zug sich so recht vor dem Auge entfalte. Drei Pfeiler fehlen im nördlichen Bereich, Mittelschiff und Seitenschiff sind hier zu einem Raum vereinigt worden, eine rippenartige, nicht gewölbte Betonkonstruktion überspannt die Halle, die von zwei in Längsrichtung parallel laufenden Dächern nach oben hin abgeschlossen wird. Eine protestantisch-nüchterne Kirche.

Es wird deutlich, daß die unterschiedlichen Baukörper mit Bedacht aneinander gesetzt worden sind. Der Außenbau mit seiner Dreiteilung in Westbau, Langhaus und Chor wirkt – und ist – zusammengestückelt und provoziert auf diese Weise eine ständige Erinnerung an die Kriegsschäden, und der Innenraum korrespondiert dem.

Wenn wir in einem gewagten Vergleich die Betonsprossenwand in St. Magni als Prothese bezeichneten, die den ehemaligen Zustand nicht wieder herstellen kann und es auch gar nicht will, so blickt derjenige, der sich St. Aegidien von Norden auf der Stobenstraße nähert, gleichsam in die offene Flanke der Traditionsinsel. Die Kirche reckt sich vor ihm in die Höhe, aber nicht, als wolle sie drohen, sondern blank und schutzlos dem Treiben ausgeliefert. Wie, als wolle man sie attackieren, fährt man auf sie los, von keinem etwa die Straßenseite wechselnden Fußgänger gehindert, das kann er an dieser Stelle gar nicht, um dann im letzten Augenblick nach links abzudrehen. Das Fachwerkhaus, das dann rechter Hand vorbeihuscht, stand einst an der Wallstraße. Gewohnt hat darin der Dichter und Freund Lessings, Johann Anton Leisewitz (1752–1806). Das Haus – jetzt Gemeindezentrum – nimmt den Platz von Lessings Sterbehaus ein, das 1944 zerstört worden ist.

Die ehemalige Klosterfreiheit St. Aegidien ist nicht nur Traditionsinsel, sie hat auch eine: das Landesmuseum nämlich und darüber hinaus eine reich bewegte Geschichte. Die beginnt mit der Gründung des Benediktinerklosters 1115, einer Stiftung der Urgroßmutter Heinrichs des Löwen. Die Aegidienkirche brennt 1278 bis auf die Grundmauern ab, wird aber sogleich wieder aufgebaut, nunmehr im zeitgemäßen Stil der Gotik. Das ist die Kirche, wie sie sich dem Betrachter im wesentlichen noch heute darbietet. Mit den Turmbauten ist man nie fertig geworden; was von ihnen übrig geblieben war, wurde im 19. Jahrhundert abgebrochen.

Das übermächtige Drängen einkaufenden Volkes in den letzten Nachmittagsstunden des Sonnabend. Die Stille um Sankt Aegidien, die Kirche, die wieder zum Wald und zum Berg wird, steinerne Löwen und unbeweglich nistende Tauben, gewaltige Efeuwurzeln, Bäume und Moos auf dem Gemäuer, alter Stein, Moos, Getier, Abendsonne, Kreuze im Klosterhof.

Jochen Klepper
(1903–1942)

Die Mönche verlassen nach Einführung der Reformation ihr Gemäuer, der Konvent löst sich auf. 1542 wird die ehemalige Klosterkirche evangelische Pfarrkirche des Klosterbezirks, im selben Jahr besetzen Zisterzienserinnen von Kloster Heiligkreuz auf dem Rennelberg – nordwestlich, außerhalb der Stadtmauern gelegen – die verlassene Klausur St. Aegidius, kehren aber knapp dreißig Jahre später auf den Rennelberg zurück. Es erscheinen die Damen von St. Leonhard, einer Kapelle, die zu einem Hospital für Aussätzige gehörte, in dem abermals verwaisten Kloster und bleiben, bis sie 1832 dem Kreisgerichtsgefängnis weichen müssen, das hier eingerichtet wird. Rund fünfzig Jahre später zieht das Gefängnis auf den Rennelberg um – die Justizvollzugsanstalt besteht dort noch heute –, die ehemaligen Klosterräume sind wieder frei.

Die evangelische Kirche St. Aegidien selbst wird 1718 auch noch Braunschweigs Garnisonkirche. Die Franzosenzeit bringt 1811 der Kirche das Aus als Gotteshaus, sie wird profaniert und findet sich wieder als Torf- und Salzspeicher, dient als Konzertsaal, als Theatermagazin, als Ausstellungsraum.

Das »Vaterländische Museum« beginnt sich zu etablieren. Es belegt die Aegidienkirche, rettet den Chor der Paulinerkirche, Kirche des ehemaligen Dominikanerklosters am Bohlweg, vor dem Abbruch, transloziert ihn an die Aegidienkirche – Translozierungen scheinen seit jeher in Braunschweig beliebt zu sein – und faßt alle Gebäude zum Museum zusammen. In dieser Form besteht es bis 1945, aber noch im gleichen Jahr wird St. Aegidien der katholischen Gemeinde übergeben. Drei Jahre später wird der erste Gottesdienst seit 1811 gefeiert. Lediglich der Chor der Paulinerkirche bleibt Museum, allerdings nicht Vaterländisches sondern Landesmuseum.

Wenn Steine sprechen könnten ...

Es heißt im 21. Kapitel der Johannes-Offenbarung über das Himmlische Jerusalem: »Die (Stadt) hatte die Herrlichkeit Gottes; ihr Licht war gleich dem alleredelsten Stein, einem Jaspis, klar wie Kristall; sie hatte eine große und hohe Mauer und hatte zwölf Tore und auf den Toren zwölf Engel und Namen darauf geschrieben, nämlich die Namen der zwölf Stämme der Israeliten ... und die Stadt ist viereckig angelegt, und ihre Länge ist so groß wie die Breite.«

Die Vierung des Doms St. Blasii ist – wie bei jeder Kirche – ein zentraler Ort. Die Vierung entsteht bautechnisch, wenn sich Langhaus und Querhaus durchdringen. Sind beide von gleicher Breite, entsteht ein Quadrat. Dieses Quadrat ist die Grundmaßeinheit für einen Bau im sogenannten gebundenen System; St. Blasii folgt dem. Das Vierungsgewölbe ist, wie häufig in romanischen Kirchen, ausgemalt. Im Braunschweiger Dom hat man eine Darstellung des Himmlischen Jerusalems angebracht, entstanden um 1230/1240. Zu sehen ist ein solide gefügter Mauerring, in den zwölf Tore eingefügt sind und zwölf Türme; Engel auf den Toren und Namen sind zu sehen, ganz wie bei Johannes beschrieben. Ausgefüllt ist der Ring mit den Szenen der drei christlichen Hauptfeste. In der Mitte des Gewölbes schließlich erscheint das Lamm Gottes.

Ganz so, wie es geschrieben steht, stellt sich dieses Himmlische Jerusalem nicht dar: Aus der »viereckig« angelegten Stadt ist eine runde geworden. Es ist die Variante eines gleichsam realen Jerusalems, eine Variante, die den kreisrunden Weltplänen korrespondiert und der Vorstellung kreisrunder Sphären entspricht. So wird auch für die real existierende Stadt der Kreis, gebildet vom Mauerring, dazu das Kreuz, welches die Gassen formen, zum gültigen Schema. »Die Idealstadt des Mittelalters ist der vierteilige Kreis ... nicht nur die christliche Theologie stellte sich die ganze Welt als System konzentrierter Kreise vor, auch die spätere Entwicklung zeigte, daß dem Kreis weiterhin große Bedeutung zukam, von dem Grundrißbild der Städte, die in geometrischen Formen komponiert wurden, bis zu den Renaissance- und Barockdispositionen der Idealstädte« (Borst, Seite 197).

Ein Blick auf Braunschweigs Stadtplan ergibt dies: Die Innenstadt, das Gebiet, das von der Oker umflossen wird, ist rund. Das Rund wird von einer Nord-Süd-Verbindung durchschnitten, in West-Ost-Richtung durchlaufen es mehrere Straßenzüge. Das Grundmuster herrscht auf allen in die Geschichte zurückreichenden Karten; je weiter sie zurückgehen, um so deutlicher wird dies. Nimmt man den Kreis, teilt ihn jetzt in vier Segmente – wobei sich die Teilung in Ost- und Westhälfte fast von selbst ergibt – und liest nun in jedes

Richmond – ein Lustschlößchen im Süden Braunschweigs (Seite 52/53). Prinz Karl Wilhelm Ferdinand hatte es 1768/69 für seine Frau Augusta errichten lassen. Sie war eine gebürtige Engländerin, die Tochter des Prinzen of Wales. Der Name des anmutigen Bauwerks sollte sie an ihr heimatliches Schloß Richmond an der Themse erinnern.
Architekt Christoph Wilhelm Fleischer hat den originellen Grundriß aus einem Quadrat entwickelt und die Haupträume in der Diagonalen angeordnet.

Segment den dazugehörenden Stadtteil – früher Weichbild – hinein, dann entsprechen Neustadt, Hagen, Altewiek und Altstadt exakt dem Schema eines viergeteilten Kreises. Dem widersprechen nicht Sack, Burgbezirk und Aegidienfreiheit. Das Weichbild Sack fügt sich dem Schema problemlos ein, indem es als Teil der Altstadt erscheint. Burgbezirk und Aegidienfreiheit waren Bereiche, die dem Stadtrecht Braunschweigs nicht unterworfen waren. Aber auch sie gehören unbezweifelbar in die Topographie der Stadt.

Braunschweig – ein Himmlisches Jerusalem?

Das mittelalterliche Braunschweig – Abbild des Himmlischen Jerusalem? Die Stadt, ein auf kommerziellen Nutzen hin gegründetes und entwickeltes Gemeinwesen: Braunschweig – ein religiöser Akt?

Es läßt sich nicht beweisen, aber so ungewöhnlich wäre es nicht. Im 9. Jahrhundert begannen vielerorts eschatologische Strömungen virulent zu werden, die im Zusammenhang mit der Offenbarung des Johannes stehen. Das Himmlische Jerusalem ergriff Besitz von den Seelen der Menschen, aber nicht so, als handle es sich um etwas Utopisches, eine Gedankenspielerei. Es war Wirklichkeit. »Der Rückgriff auf die Apokalypse hat, wenn unserem pragmatischen Intellekt von heute das zu glauben auch schwerfällt, nichts Historisches an sich. Jerusalem, Stätte des Heiligen Grabes für alle Christenheit, ist Gegenwart, und der große religiös-politische Aufbruch des Mittelalters, die Welle der Kreuzzüge, macht sie vollends dazu« (Borst, Seite 195).

Die Züge nach Palästina hatten unter anderem auch den Effekt, daß sie die Gründung von Städten inspirierten, und zwar nicht irgendwelche, sondern »Jerusalems«. Allein in Deutschland hat man bis zum ersten Drittel des 14. Jahrhunderts 137 Pläne von diesem Jerusalem gezeichnet. Kaiser Karl IV. schenkte 1349 einen solchen dem Veitskapitel zu Prag, als man dabei war, die Prager Neustadt zu errichten. Das Geschenk trug Früchte, ob vom Kaiser gewollt oder nicht: Das Gebiet um den Karlsplatz zeigt auffällige Übereinstimmung mit dem Plan der Idealstadt Jerusalem.

In dem Bilde der Stadt Jerusalem ist das Reich der Gnade dargestellt, von dort herab sollen sich die Segnungen zunächst über die Erde ergiessen, dann aber sollen die Segnungen über die Zeit hinaus in die Ewigkeit hineinreichen: Regnum gloriosum.

Heinrich Brandes
(1803–1868)

Man kann es nicht eindringlich genug wiederholen: Das Himmlische Jerusalem ist für die Menschen damals Realität. Was sich durch Johannes offenbart, ist ein in Wunder gehülltes, verklärtes, glänzendes Universum. Aber dieses Universum unterscheidet sich nicht wirklich von dem, was das Auge erblickt. »Denn die Ordnung des Himmels und die Ordnung der Erde ruhen beide in inniger Verbindung im Schoße der göttlichen Harmonie ... die Gottesstadt und die Erdenstadt stehen miteinander in Verbindung« (Duby, Seite 146). Es ist eine Theologie, die auf den heiligen Augustinus zurückgeht.

Warum also sollte Braunschweig nicht Abbild des Himmlischen Jerusalems sein; wenn auch nicht als solches gegründet, aber immerhin doch dazu durch Heinrich den Löwen gemacht, nachdem er den Ort zu seiner Residenz erhoben hatte. Der Herzog war nach damaligem Verständnis gewiß ein frommer Mann, daran besteht gar kein Zweifel; ebensowenig daran, daß er die religiösen Überzeugungen seiner Zeit geteilt hat. Fast mutet es so an, als habe Heinrich der Löwe die kleine Siedlung komplettieren wollen, als er um 1160 das Weichbild Hagen gründete und wahrscheinlich danach auch die Neustadt. Der viergeteilte Kreis: Die beiden Quadranten Altstadt und Altewiek südlich der

Burg bedurften der Ergänzung im Norden. So könnte die Stadtanlage durchaus gedeutet werden.

Braunschweigs Anfänge liegen im Dunkel, was gesicherte Quellen anbelangt. Weder Urkunden noch archäologische Grabungen haben Wesentliches zur Erhellung beigetragen. Eine Beschreibung der Anfänge müsse »notwendigerweise rein hypothetischen Charakter« tragen, konstatiert Manfred Garzmann, Direktor des Braunschweiger Stadtarchivs, und fährt fort: »Erst aus dem 11. Jahrhundert, als der Handel ein bedeutendes Ausmaß erreichte, stammen drei einigermaßen gesicherte Daten. Um 1030 weiht Bischof Godehard von Hildesheim (1022–1038) die alte Stiftskirche in der Burg Dankwarderode und die Ulrichskirche auf dem Kohlmarkt. Ohne Zweifel deuten diese Bauten auf rege Siedlungstätigkeit hin. Die Gründungsurkunde für St. Magni, vom Bischof Branthago von Halberstadt konsekriert, überliefert das einzige zuverlässige Datum für die frühe Geschichte dieser Stadt: Das Jahr 1031 sowie den Namen der Siedlung in seiner damaligen Form: ›Brunesguik‹ (Garzmann, Seite 13/14).

Das Vierungsgewölbe im Dom St. Blasii. Die kreisförmige Mauer des Himmlischen Jerusalem umschließt Szenen des Neuen Testaments. Die Apostel in den Toren der Mauer sowie die Propheten in den Zwickeln halten Spruchbänder. Die Bildfolge umfaßt Darstellungen von der Geburt Christi bis zum Pfingstfest. Die Malereien setzen sich in die Querschiffe und die Apsis fort. Sie sind in der Mitte des 13. Jahrhunderts entstanden und wurden 1845 unter der Übermalung entdeckt.

Phantasie und Fakten – die Chronik des Hermann Bote

Die Geschichtswissenschaft muß genau arbeiten. Chronik-Schreiber tun sich in dieser Hinsicht nicht so schwer. Phantasie und Hörensagen waren noch allemal in der Lage, Fakten zu ersetzen, was aber keineswegs als ehrenrührig empfunden wurde. Für Braunschweig ist Hermann Bote (vor 1467 bis etwa 1520) einschlägig. Der Autor war Zoll- und Akziseschreiber im Hauptberuf, nebenberuflich Schriftsteller. Die Hannoversche Weltchronik stammt unter anderem aus seiner Feder sowie die Braunschweiger Weltchronik (zu Papier gebracht von 1493 bis 1502), ferner eine Chronik der braunschweigischen Bürgerkämpfe im Mittelalter, das Schichtbuch; er gilt auch als Verfasser des Buches vom Eulenspiegel.

Was sich um 1150 »Brunswiek« nennt, ist zunächst noch ein Konglomerat aus einer mit den Jahrzehnten recht schäbig gewordenen Burg, einer Kaufmannssiedlung, der späteren »Altstadt«, und mehreren kleinen Siedlungen, die verstreut auf den einzelnen »Klinten« liegen, auf Hügeln, die aus dem sumpfigen Umland herausragen und ausgezeichnete Rast- und Lagerstätten für die vorüberziehenden Kaufleute abgeben. Denn bei Braunschweig überschneiden sich mehrere bedeutende Straßen, und die Oker strömt dort als wichtiger Wasserweg vorüber.

Paul Barz
(1977)

Für Hermann Bote steht fest: Braunschweig ist im Jahre 861 gegründet worden und zwar von den Brüdern Bruno und Dankward, Herzögen zu Sachsen. Er meint das »Braunschweig« im späteren Weichbild Altewiek, das anstelle eines in den Sachsenkriegen Karls des Großen vernichteten Dorfes entstanden sei. Dankward baute die Burg Dankwarderode sowie eine Kirche und zog eine Mauer um das Areal. Bruno legte auf dem Ostufer der Oker die Wiek an, die nach ihm Brunswiek genannt wurde. Die Herzogsbrüder siedelten dann die Wiek auf das Westufer um und errichteten auf dem dortigen Eiermarkt eine Kirche zu Ehren des heiligen Jakobus. Der Kirchturm stehe nach wie vor. Diese Neue Wiek hieß nun Brunswiek. Die Alte Wiek blieb aber weiterhin bestehen, und Kaufleute haben dann gemeinsam mit Bruno Brunswiek ausgebaut. Soweit Hermann Bote und die Gründung Braunschweigs.

Abgesehen von dem legendären Gründungsdatum ist Botes Bericht so falsch nicht. Der historische Kern ist vorhanden, wenn auch ein wenig phantasievoll belebt und ergänzt. Der Autor kann diese Zutaten aber aus der Überlieferung geschöpft haben.

Man nimmt an – so genau weiß man's also auch nicht – daß zunächst die Burg vorhanden war, und zwar nördlich einer Furt über die Oker. Später wird ein Damm mit einer Brücke den Flußübergang erleichtert haben. Die Burg, ursprünglich nicht mehr als ein Erdwall, schützte den Übergang. Das Gebiet

St. Katharinen, die Pfarrkirche des Hagen. Heinrich der Löwe – vorn der Heinrichsbrunnen mit der Figur des Fürsten – hatte das Weichbild Hagen um 1160 gegründet und die Ansiedlung reich mit Privilegien ausgestattet. Das Gotteshaus, dessen Bau um 1200 begann, wurde nach dem Planschema des Doms errichtet. Es entstand eine romanische Pfeilerbasilika, die aber zu einer gotischen Hallenkirche umgebaut wurde.

Südliches Seitenschiff von St. Katharinen. Jedes der sieben Joche trägt einen krabbenbesetzten Zwerchgiebel mit unterschiedlich ausgebildetem Blendmaßwerk, erst 1848/49 als gotisierender Schmuck angebracht. Die Wände sind durchbrochen von Maßwerkfenstern und werden von Strebepfeilern gestützt. Rechts ein vierbahniges Fenster mit Figurenschmuck (Marienkrönung), links das rundbogige Westportal aus romanischer Zeit.

Bankhaus Löbbecke – Gründerzeit-Architektur mit herrschaftlichem Anspruch. Constantin Uhde entwarf das prächtige Gebäude im Stil der Weserrenaissance, es wurde 1892 bei der Martinikirche errichtet. Der mit einer Sonnenuhr ausgestattete Giebel ist üppig verziert. Die Bank verwaltete das herzogliche Privatvermögen und hatte die Braunschweiger Staatslotterie gepachtet.

Die Zwillingstürme von St. Martini, der Pfarrkirche der Altstadt. Achteckig wachsen sie aus dem quaderförmigen Unterbau heraus; es ist das einzige Turmwerk Braunschweigs, das noch in romanischer Zeit fertiggestellt wurde. Das beide Türme verbindende Glockenhaus entstammt der jüngeren Stilepoche, der Gotik, wie die spitzbogigen Fenster zeigen.

St. Andreas, Pfarrkirche der Neustadt, und die Alte Waage. Braunschweig hat mit der Rekonstruktion des imposanten Fachwerkgebäudes – oben eines der reich dekorierten Zwerchhäuser – ein altes Ensemble wiedererstehen lassen. Der Südturm der Kirche ist mit 93 Metern der höchste der Stadt. Auch dieser Sakralbau wurde zur gotischen Hallenkirche umgebaut und Mitte des 14. Jahrhunderts fertiggestellt. Die Alte Waage von 1534, Speicher und Waaghaus der Neustadt, verbrannte während eines Bombenangriffs 1944.

Zum Ensemble St. Andreas Alte Waage gehört auch die Liberei (links). Sie ist der einzige mittelalterliche Ziegelbau in Braunschweig und wurde 1422 eigens als Bibliothekshaus errichtet. Die Giebel des südlichen Seitenschiffs der Andreaskirche enthalten Blendmaßwerk und Reliefdarstellungen biblischer Themen. Im Bild (von links) der zwölfjährige Jesus im Tempel, der Bethlehemitische Kindermord und die Flucht nach Ägypten.

Zwerchhaus der Alten Waage mit Seilwinde. Jeder mehrgeschossige Speicher der damaligen Zeit benötigte eine Vorrichtung, um die Ballen, Säcke und Fässer auf die Lagerböden zu hieven. Üblicherweise versah man das oberste Geschoß mit weit vorkragenden Balken, an denen die Seilwinde befestigt wurde. Das Handelsgut konnte durch weite Türöffnungen auf jeder Etage ins Innere gezogen werden. Heute dienen Haken und Seil nur noch zur Dekoration.

Eingang des Gebäudes. Hinter den Flügeltüren verbergen sich moderne, zweckmäßig gestaltete Räume, die von der Volkshochschule benutzt werden. Oben Detail eines Schmuckfrieses, geschnitzt in einen Schwellbalken.

Die Alte Waage, gesehen von Südwesten. Die detailgetreue Rekonstruktion der Fassade vermittelt ein anschauliches Bild davon, welche Bedeutung das Gebäude einst gehabt hat.

Die Wertschätzung eines solchen Hauses ist auch ablesbar an seinem Schnitzwerk. Stellen am Schwellbalken, die man von ornamentalen Schnitzereien wie dem Laubstab oder der Astwelle frei ließ, verzierte man gern mit »Drolerien«, figürlichen Darstellungen von Mensch und Tier.

gehörte als Eigenbesitz dem Grafengeschlecht – nicht Herzögen, wie Bote meint – der Brunonen. Die Grafen haben erheblich zum Gedeihen des späteren Braunschweig beigetragen, wie erwähnt, und als dann endlich 1142 mit Heinrich dem Löwen der wichtigste Mann für Braunschweigs Entwicklung auf den Plan tritt, findet er ein ausgedehntes Siedlungsgebiet vor: die Burg Dankwarderode mit dem Kollegiatsstift St. Blasii, die Pfarrkirche St. Magni mit dem Dorf Altewiek, den Klosterbezirk St. Aegidien und das Cyriakusstift. Auf der westlichen Okerseite hatten sich seit langer Zeit schon Händler niedergelassen, etwa beim Eiermarkt, zu dem auch die Jakobuskirche gehörte. An deren Turm soll nach Bode die Jahreszahl »861« zu lesen gewesen sein, das sagenhafte Gründungsdatum der Stadt. Auch auf dem Kohlmarkt wurde gehandelt, der Name sagt es, die dazugehörige Kirche war der Vorgängerbau von St. Ulrici, die ihrerseits 1544 abgebrochen wurde. Beide Marktsiedlungen hatten sich schon im 11. Jahrhundert in Richtung Altstadtmarkt erweitert. Wahrscheinlich förderte Lothar von Supplinburg, nachdem er Erbe der Brunonen geworden war, diese Entwicklung. Sein Enkel jedenfalls, Heinrich der Löwe, unterstützte die Siedlungen nach Kräften, band sie zur Stadt Braunschweig zusammen und wählte diese zur Residenz – und das in einer Epoche, da selbst der Kaiser seinen Regierungsgeschäften im Umherwandern nachging, indem er von Pfalz zu Pfalz zog.

»Es sind vor allem die von Heinrich dem Löwen errichteten Bauten, die noch heute auf die in der zweiten Hälfte des 12. Jahrhunderts dynamisch fortschreitende Stadtwerdung Braunschweigs zurückweisen. In deutlichem Wettstreit mit den kaiserlichen Pfalzen baute er die alte Brunonenburg Dankwarderode neu und begann schließlich 1173 den großartigen Dombau St. Blasii«, heißt es in »Baudenkmale in Niedersachsen« (Kimpflinger, Seite 15).

Romanik – Architektur aus dem Baukasten

Wir hatten den Dom schon im Rahmen der Traditionsinseln erwähnt, hatten auf die Seitenschiffe als gotische Umbauten an einer im übrigen romanischen Kirche hingewiesen. Das romanische Bauwerk setzt sich aus sechs einfachen stereometrischen Körpern zusammen: Würfel, Kugel, Prisma, Zylinder, Pyramide und Kegel. Diese Körper werden miteinander kombiniert und bilden im Regelfall einen harmonischen Gesamtbau. Jeder dieser Baukörper ist in seinen ausgewogenen Proportionen auf seinen Nachbarn bezogen, unlösbar mit diesem – und mit allen übrigen – eine Einheit bildend. Und dennoch keine Einheit, in der alle Körper miteinander verschmelzen, also nicht mehr voneinander zu trennen wären, sondern eine Einheit, in der die Eigenständigkeit jeden stereometrischen Körpers gewahrt bleibt.

Man muß sich dem Dom von Osten nähern, damit dies erfahrbar wird. Das Auge erfaßt die einzelnen Baukörper wie selbstverständlich: den Chor und die beiden Querhausarme, denen je eine Apsis angefügt ist. Der Chor ist der Teil mit der großen Apsis; er ist gleichsam die Verlängerung des Langhauses um ein Grundrißquadrat über das Querhaus hinaus. Querhausarme und Chor entsprechen einander in ihren Abmessungen. Die Grundmaßeinheit ist das Quadrat – wie es im Inneren der Kirche bei der Vierung, der Durchkreuzung von Langhaus und Querhaus, deutlicher nicht zu beobachten ist –, aus dem ein

Achtermannsches Haus in der Reichsstraße. Erker und Tor des ehemaligen Patrizierhauses – nach dem Krieg neu gebaut – wirken überladen mit Dekor. Das Geltungsbedürfnis seiner früheren Besitzer wird sehr gut sichtbar.

Kemenaten – hier Hagenbrücke 5 – gehören zu den baulichen Besonderheiten Braunschweigs. Die Steinhäuser waren Teil einer im übrigen aus Fachwerk bestehenden Hofanlage. Dem Kaufmann und seiner Familie dienten sie im Winter als Wohnraum und zur Aufbewahrung seiner wertvollen Habe. Das Gebäude war verhältnismäßig feuersicher und bot auch Schutz in unruhigen Zeiten. Von den etwa 150 Kemenaten in der Stadt sind nur noch wenige erhalten.

Sonntag, 4. November 1945
Der Tag von Montys (General Montgomery) Besuch. Er kam zum Gottesdienst um 10:30 Uhr im Dom. Es war sehr kalt, weil noch kein einziges Fenster fertig war, obgleich sie mit den Arbeiten gut vorankommen. Der Leuchter war immerhin aufgebaut und sah sehr gut aus – wie ein großer Baum. Hoffentlich hat Monty ihn auch bewundert. Von den Stufen der Kanzel aus las er, nur schwer verständlich, die Epistel, »Gebt dem Kaiser, was des Kaisers ist".

Robert Lonsdale Charles (1916–1977)

Würfel gebildet wird. Chor und Querhaus sind jeweils zwei solcher aufeinandergestellter Würfel. Die Giebeldreiecke, markiert durch einen Sims, haben gleichlange Seiten und stoßen dementsprechend mit gleichen Winkeln aneinander. Die Satteldächer sind als gleichseitige Prismen geformt. Die Apsiden – Halbzylinder mit Halbkegeln als Dach – sind den Proportionen angepaßt. Die Hauptapsis entspricht drei Vierteln der Chorhöhe, die Nebenapsiden der halben Querhaushöhe. Die Halbkegel, zweidimensional betrachtet, ergeben gleichseitige Dreiecke. Der Betrachter benötigt ein wenig Muße, damit er die Maßverhältnisse im Ostteil des Doms erkennt. Sie sind auch am Mittelschiff beziehungsweise den Seitenschiffen ablesbar.

Der Westteil der Kirche, der sogenannte sächsische Westriegel – ein gewaltiger, massiver Block, ein nahezu ungegliederter, Stein auf Stein geschichteter Bau – gleicht einer Festungsmauer. Im dritten Geschoß verbindet ein gotisches Glockenhaus die beiden Türme. Der Dom (1226 geweiht) wurde bauliches Vorbild der großen Braunschweiger Pfarrkirchen.

Eine Einheit bilde der romanische Bau, hatten wir gesagt, in der die Eigenständigkeit jedes stereometrischen Körpers gewahrt bleibe. Der Ostteil von St. Blasii bietet keine komplizierte Tektonik: aufeinandergesetzte Würfel, gruppiert zu einem Kreuz, von gleichseitigen Prismen gedeckt, angefügte Halbzylinder mit Halbkegeln als oberer Abschluß – das ist es schon. Bei aller Geschlossenheit des Baukörpers empfindet der Betrachter aber doch, daß er zum Beispiel die Dächer der Apsiden lupfen könne; daß er die Apsiden selbst von Querhaus- und Chorwand lösen, daß er die prismenförmigen Dächer an der Traufe anfassen und sie von dem Quader abheben könne, mit Daumen und Mittelfinger gewissermaßen, ganz spielerisch, wie er es als Kind mit seinen Bauklötzchen getan hat. Romanik ist – und das ist keineswegs despektierlich gemeint – wie eine Architektur aus dem Baukasten.

Der romanischen Baugesinnung entsprechen ein bestimmtes Lebensgefühl und bestimmte Anschauungen. Das versteht sich von selbst. Es ist eine Seinsbefindlichkeit, die sich weit über die Alltäglichkeiten erhebt und ins Allgemeine, Universelle reicht. Es wäre nun reizvoll, diese Anschauungen der romanischen Zeit darzulegen, Anschauungen, die der mittelalterlichen Theologie und Philosophie entsprossen und wieder auf diese zurückwirkten. Das aber würde den Rahmen bei weitem überschreiten. Zu kompliziert liegen die Dinge. »So einfach und allgemein die Grundbestandteile des romanischen Bauwerks sind, so fern von der individuellen Durchbildung, so ist der Mensch in seinem Denken und Fühlen auf allgemeine Formen angelegt, in die er alles Besondere eingehen läßt. So unangreifbar und unvergänglich die Formen, durch die alles besondere Sein ins Allgemeine verformt wird, in ihrer geometrischen Klarheit und Geschlossenheit sind, so sucht der Mensch in allen Lebensbezügen allgemeine, ewige Formen, die über dem Wandel der Zeitlichkeit stehen ... Der romanische Bau ist das Gleichnis für eine klar gestufte restlos durchformte Endlichkeit« (Drost, Seite 24, 39).

Eine Bemerkung zwischendurch. Braunschweig hat kaum noch Bauten aus dem Mittelalter aufzuweisen. Der Krieg hat den Bestand derart dezimiert, daß »eine zusammenfassende Darstellung der geschichtlichen Entwicklung einzelner Baugattungen für den Innenstadtbereich Braunschweigs ... nur noch sehr bedingt möglich ist. Dies trifft auch für das ältere bürgerliche Wohnhaus zu, das, verglichen mit dem Vorkriegsbestand, heute nur noch in punktuellen

Haus »Ritter St. Georg« an der Ecke Knochenhauer-Petersilienstraße, erbaut 1489. Es gilt als der bedeutendste noch erhaltene Fachwerkbau Braunschweigs und wurde über einem Gewölbekeller errichtet. Das eindrucksvolle zweiflügelige Eckhaus weist reiches Schnitzwerk auf, so den zeittypischen Treppenfries an den Schwellbalken, aber auch figürliche Darstellungen von Heiligen (oben). Der Balkenkopf an der Hausecke trägt eine sogenannte Abwehrfratze.

Eingang zum Haus Knochenhauerstraße 12. Das um 1500 entstandene Gebäude wurde zweihundert Jahre später umgebaut und erhielt bei dieser Gelegenheit das barocke Dielentor. Vier korinthische Pilaster gliedern die Fläche.

Resten existiert, die eine am Beispiel ablesbare, kontinuierlich darstellende Entwicklungsgeschichte nicht mehr zulassen« (Kimpflinger, Seite 25).

Die Pfarrkirchen – Selbstbewusstsein in Stein

Die Pfarr- und Klosterkirchen des Mittelalters bilden die Ausnahme. Auch wenn sie zur Ruine zusammengebombt wurden, hat man ihnen neues Leben gegeben. Kirchen werden immer wieder aufgebaut, nicht nur in Braunschweig; Schloßruinen, manchmal auch Bürgerhäuser, reißt man ein, ebenfalls nicht nur in Braunschweig. Mag sich dahinter ein tiefer Sinn verbergen; hier kann nicht nach ihm gefahndet werden.

Der Thurm (der Andreaskirche) wurde, wie alle Nachrichten übereinstimmend sagen, im Jahre 1200 gegründet. Der Stein zum ersten Baue wurde, nach einer Chronik, gebrochen: »ein Part in des Raths Kuhlen bi Steterborch, ein Part bi groten Denkte, da man noch hüte den brunen Stein brickt.«... Als man nach einer langen Reihe von Jahren ungefähr bis zu gleicher Höhe mit der Kirchenmauer gekommen war, mogte es an Mitteln fehlen, den Bau fortzusetzen, und das Werk ruhete bis zum Jahre 1340.

H. W. J. Wolff
(1825)

Der Dom machte Schule. Die Bürger nahmen sich den Bau auf dem Burgplatz zum Vorbild und errichteten Pfarrkirchen in ähnlichen Abmessungen. Die Übernahme des Grundrisses wirkt schematisch, schöpferische Architekten haben sich in jener Zeit wohl nicht nach Braunschweig verirrt. So sind St. Martini, St. Katharinen, St. Andreas und St. Magni nach dem gleichen Muster errichtet worden. Wobei die Ähnlichkeit der genannten Kirchen untereinander stärker ist als die zum Dom. Der Grund: Man hat sie umgebaut, hat die romanischen Pfeilerbasiliken in gotische Hallenkirchen verwandelt. Was dem Dom erspart geblieben ist. Abgesehen davon, daß man ihn mit neuen Seitenschiffen ausgestattet hat (siehe Kapitel »Wie Inseln im Strom der Zeit«). Die Kirchen waren kaum fertiggestellt oder noch im Bau, als sie auch schon um die Mitte des 13. Jahrhunderts dem gotischen Stil angepaßt wurden. Neue Seitenwände mit Giebeln zog man hoch, wobei die Firste der Giebeldächer senkrecht zum Dach des Mittelschiffs stehen. Das mittlerweile gewachsene bürgerliche Selbstbewußtsein suchte nach Möglichkeiten sich auszudrücken und verlegte sich unter anderem auf diese kostspieligen und bautechnisch komplizierten Umkonstruktionen. Man verfügte über Kapital; die Pfarrkirchen sind in Stein gebautes Selbstbewußtsein. Ziel dürfte gewesen sein, sich mehr und mehr von höfischen Einflüssen abzusetzen und dies auch durch repräsentative Kirchenbauten – Umbauten – zu demonstrieren. Darüber hinaus gewann man mit der Umgestaltung zur Halle auch hellere Räume, was der Gemeinde zugute kam.

Nach diesem Planschema entstand auch die Petrikirche, die im späten 12. Jahrhundert als dritte Pfarrkirche der Altstadt gegründet worden war. St. Michaelis, nach St. Martini die zweite Altstadt-Pfarrkirche, wurde ebenfalls zur Halle umgebaut, wenngleich in vereinfachter Form. Die Familienähnlichkeit der Braunschweiger Pfarrkirchen ist nicht zu übersehen, außen wie innen.

»Die Kirchtürme, und unter ihnen vor allem die Westriegel mit den zweigesichtigen Glockenstuben, bildeten miteinander immer mehr eine Silhouette, die über die Stadt hinaus in das flache Land hineinwirkte. Um die Stadt Braunschweig wie in einem Kürzel darzustellen, genügte Hermann Bote für seine Weltchronik die Darstellung zweier Westbauten und eines Tores. Den Bürgern galten die Kirchtürme längst auch als Stadttürme, zumal die Glocken in ihnen die Aufgabe, bei Unwetter, Brand und Krieg zu läuten, für die ganze Stadt zu erfüllen hatten. In St. Martini wurde 1624 die größte Glocke des Landes aufgehängt, auf der das Relief des Doppeladlers den Anspruch der Stadt, als Freie Reichsstadt anerkannt zu werden, ausdrücken sollte. Die besondere Höhe des Südturms von St. Andreas, dessen Spitze nach 1544 über 120 Meter erreichte, hatte in den Auseinandersetzungen der Stadt mit den Herzögen den Stolz der Bürger verstärkt. Auf einer Stadtansicht von 1547 steht er übergroß und mächtig über der Stadt und dem daneben winzigen Westbau des Doms. Der Brunnenbauer Barward Tafelmaker hatte Anfang des 16. Jahrhunderts die beiden obersten Turmgeschosse, den Formen der gotischen Geschosse folgend, ausgeführt und die schlanke Helmspitze aufgesetzt. Von ihm blieb ein Bericht erhalten, aus dem hervorgeht, warum es zur Fertigstellung des Nordturms nicht mehr kam: ›Wir hatten bereits eine Steinkuhle auf dem Elm abräumen lassen, da hub Doctor Martinus Lutter an zu schreiben, daß die guten Werke nicht verdienstlich wären, sondern sündlich, da wollte niemand mehr dazu geben, da mußten wir das Gebäude stehen lassen‹« (Dorn, Seite 21).

Der Orden als Bauherr – Klosterkirchen in Braunschweig

Das Mittelalter ist baulich auch vertreten durch die Klöster – die Klosterkirchen korrekterweise, denn von den Bauten der Klausur ist, von geringfügigen Ausnahmen bei St. Aegidien und der Barfüßerkirche abgesehen, nichts mehr vorhanden. Es erstaunt immer wieder, wie viele Orden sich in beziehungsweise in der Nähe einer solchen Stadt ansiedelten. Wobei nicht unterschlagen werden darf, daß der Dom St. Blasii keine Pfarrkirche, sondern eine Kollegiatskirche war, also ein Gotteshaus für Geistliche, die zwar gemeinsam Gottesdienste feierten und Stundengebete sprachen, im übrigen aber nicht der monastischen Lebensform oblagen.

Als erste ließen sich die Benediktiner nieder, auf der höchsten Erhebung im Süden Braunschweigs. Markgräfin Gertrud, die Letzte aus dem Geschlecht der Brunonen und Urgroßmutter Heinrichs des Löwen, hatte das Kloster gestiftet und reich mit Landbesitz und Reliquien ausgestattet: die des Klosterpatrons Sankt Aegidius und die des späteren Stadtpatrons Sankt Au(c)tor. Geweiht wurde das »monasterium« am Tag des heiligen Aegidius, dem 1. September 1115. 163 Jahre später ging das Kloster mitsamt der Kirche in Flammen auf, entstand aber rasch wieder neu, diesmal in gotischen Formen. Das ist der Kirche anzusehen. Die Baukonzeption war von Grund auf eine andere als die bei den vom Romanischen ins Gotische gewandelten Stadtkirchen. Am Äußeren fallen außer dem gewaltigen Dach die kurzen Strebepfeiler mit Strebebögen auf, die das Dach des Chorumgangs zu durchbrechen, sich der Chorwand zuzuneigen und dort festgewachsen scheinen. Der Baumeister hat hier prinzipielle Formen der französischen Kathedralgotik aufgegriffen: Chor und Chorumgang, der wiederum mit einem Kranz von Kapellen umlegt ist; jede von diesen war zu früheren Zeiten mit einem Altar ausgestattet, so daß genügend Möglichkeiten für die Mönche geschaffen wurden, Messe zu lesen.

Das gleiche Schema hatten schon vor den Benediktinern die Zisterzienser von Riddagshausen angewandt. 1145 begannen sie mit dem Bau der Klosterkirche. Bei ihnen freilich sind Chor, Chorumgang und Kapellenkranz auf quadratischem Grundriß erbaut, und so ist äußerlich an der Stufung der Bauteile sehr gut ablesbar, wie das Innere gegliedert ist.

Noch ein drittes Kloster ist auf unsere Tage überkommen, das der Franziskaner. Es ist noch am meisten »Kloster«, das heißt, es kann außer der Kirche – Brüdernkirche – noch mit dem Kreuzgang, der Sakristei und einer kleinen

Dienstag, 4. September 1945
Auf dem Rückweg sah ich mir die Kirche in Riddagshausen an. Der Pfarrer versprach mir für fünf Uhr eine Führung. Er ist ein Fanatiker, wie er im Buche steht. Er unterbrach seine langen Ausführungen immer wieder, um mir zu predigen. Seine Kirche ist prachtvoll. Sie wurde in der zweiten Hälfte des 12. Jahrhunderts von den Zisterziensern gegründet, etwa gleichzeitig mit dem Dom ...
Einige Fenster sind zerbrochen, und auf der Südseite ist der Dachstuhl beschädigt: 500 Dachziegel und 40 Balken werden benötigt.

Robert Lonsdale Charles
(1916–1977)

Schloß Richmond, eingebettet in die hügelige Oker-Landschaft, ist ein Bau von fester Ordnung und dennoch verspielt. Zeitgenossen empfanden ihn (erbaut 1768/69) als sehr modern. Das lag zum einen an den klassizistischen Tendenzen des Baustils, zum anderen an dem unkonventionellen Grundriß, der die Diagonale des quadratischen, an den Ecken abgerundeten Gebäudes zur Hauptachse werden läßt. Wer durch das schmiedeeiserne Rokokotor tritt (links), blickt auf ein Eckrund und nicht auf eine Seitenfront.

Festsaal von Schloß Richmond, der zentrale Raum des Gebäudes. Das Oval eignete sich bestens für Bankette. Die Anordnung der doppelten Pilaster verleiht ihm eine strenge Note, die aber durch Kristallüster gemildert wird.

Der Schriftsassenhof (links und gegenüber) liegt in Stöckheim, einem südlichen Stadtteil von Braunschweig. Seine Adresse, die Leipziger Straße, verweist auf den schon im Mittelalter bestehenden Verbindungsweg zwischen den beiden Handelsstädten. Hier begann auch der als Ergänzung der alten Handelsstraße gebaute »herzogliche« oder »herrschaftliche Weg«, der die Residenzen Braunschweig und Wolfenbüttel verband und zunächst nur dem Herzog, später, gegen Wegezoll, auch der Allgemeinheit zugänglich war. Das barocke Herrenhaus mit dem elegant geschwungenen Treppenaufgang und stuckverzierten Decken entstand zwischen 1752 und 1767.

Vom Rokokopavillon auf dem Gelände des Schriftsassenhofs blickte man früher in den »herrschaftlichen Weg«, eine von Linden gesäumte Allee. Der Besitzer des Anwesens gehörte zu den Schriftsassen, einer privilegierten Bevölkerungsgruppe, die zum Erscheinen bei den Land- und Hoftagen ihres Territorialherrn berechtigt war. Die unter Denkmalschutz stehenden Gebäude werden heute privat genutzt; die barocke Gartenanlage ist nicht erhalten.

Kapelle aufwarten. Alles übrige wurde 1944 zerstört; wie auch die Kirche selbst, die aber wieder aufgebaut wurde. Man vermutet, daß die Franziskaner 1223 nach Braunschweig kamen, wahrscheinlich aus Hildesheim, wo sie in jenem Jahr sich bereits niedergelassen hatten. Es war ihre erste Niederlassung in Norddeutschland überhaupt.

Franziskaner sind Mitglieder eines Bettelordens, und entsprechend dem Bauschema dieses Ordens ist die Brüdernkirche errichtet worden: kein Turm, sondern nur ein Dachreiter und ein langgestreckter einschiffiger Chor.

Verschwunden ist das Kreuzkloster auf dem Rennelberg: Zu Beginn des 13. Jahrhunderts als Benediktinerinnenkloster gegründet, wurde es Anfang des 15. Jahrhunderts von Zisterzienserinnen bewohnt, nach der Reformation als evangelisches Damenstift weitergeführt und schließlich 1944 endgültig vernichtet, nachdem es bereits im 16. Jahrhundert schon einmal zerstört, aber wieder aufgebaut worden war.

In eben jener Zeit, kurz nach Einführung der Reformation in Braunschweig, ist auch das Kollegiatsstift St. Cyriakus, gegründet im 11. Jahrhundert, untergegangen. Die Brunonen hatten es auf dem leicht erhöhten Gelände des westlichen Okerufers im Süden der Stadt angelegt und zu ihrer Grablege bestimmt.

Im Jahre 1294 erhalten die Dominikaner, ein Bettelorden wie die Franziskaner, vom Landes- und Stadtherrn die Erlaubnis, sich in Braunschweig niederzulassen. Wenig später können sie ein Grundstück am Bohlweg erwerben und beginnen mit dem Bau des Klosters. Ihre Kirche wird 1343 geweiht. Die Mönche verweigern sich Luthers Reform, woraufhin der Rat von Braunschweig sie im Jahr 1528 aus der Stadt weist. Nach der Rückkehr der Welfenherzöge nach Braunschweig dient das Kloster als Zeughaus. 1902 werden die Bauten abgerissen, bis auf den Chor der Kirche, der nach St. Aegidien versetzt wird und dort seither als Museum dient. Doch seit 1951 leben wieder einige Dominikaner in Braunschweig; ihre Kirche in der Brucknerstraße wurde 1948 zu Ehren des heiligen Albertus Magnus geweiht.

In Braunschweig und in seiner Nähe hatten sich also niedergelassen: Benediktiner, Benediktinerinnen, Zisterzienser und Zisterzienserinnen, Franziskaner und Dominikaner; außerdem existierte ein Augustiner-Nonnenkloster in Steterburg. Ferner gab es die Kollegiatsstifte St. Blasii und St. Cyriakus; und auch die Templer und der Deutsche Ritterorden, beides geistliche Ritterorden, hatten in Braunschweig Quartier gemacht. Sieht man von den zuletzt genannten einmal ab, so lebte hier also jede Menge Geistlichkeit – zu welchem Zweck? Wir wollen versuchen, eine Erklärung zu geben.

Gebet und gute Werke – Mönche im Mittelalter

Für eine Klostergründung oder einen Kirchenbau zu sorgen, war für den Stifter, also den adligen Grundherrn oder den bürgerlichen Bauherrn, stets ein verdienstvolles Werk vor Gott. Je teurer und größer der Bau ausfiel, um so verdienstvoller das Werk. Der Bauherr durfte nun hoffen, in verstärktem Umfang göttlicher Gnade teilhaftig zu werden; das ewige Leben zu gewinnen, war das Ziel der kostspieligen Bemühungen. Mit jedem guten Werk rückte er diesem Ziel ein wenig näher.

Die Mönche ihrerseits führten ein gottgefälliges Leben, denn die monastische Existenz ist als solche schon ein verdienstvolles Werk. Damit aber nicht genug, Mönche haben auch eine Aufgabe zu erfüllen: Sie beten für die Gesellschaft. Sie beten für eine Gesellschaft, die sich zu schwach und zu unwissend fühlt, um sich selbst zu retten. Sie erwartet aber, daß die göttliche Vergebung, der Gnadenakt, den das Kloster erwirkt, auch ihr zugute kommt, als kollektive Erlösung sozusagen, als deren Mittler die Mönche fungieren. Die Mönche persönlich sind die ersten Nutznießer der Bemühungen um das Heil, wir sagten es; dann aber sogleich auch die leiblichen Verwandten, ein Grund für die weitverbreitete Gewohnheit adliger Familien, Kinder schon im zarten Alter in die Obhut eines Klosters zu geben, damit sie ihr Leben lang für ihre im weltlichen Dasein verbliebenen Angehörigen beten. Endlich wirken die Mönche auch für das Heil ihrer Wohltäter, was ihnen reichlich Almosen, Spenden und Stiftungen einträgt. St. Aegidien zum Beispiel konnte nach dem Brand im Jahr 1278 verhältnismäßig rasch wieder aufgebaut werden dank des Ablasses, den die Gläubigen käuflich erwarben.

Klöster sind auch Stätten, in denen Reliquien aufbewahrt werden, jene mit wunderbaren Kräften ausgestatteten Knochen heiliger Leichname also, mit deren Hilfe das Mysterium seine Gegenwärtigkeit innerhalb der sichtbaren Welt offenbart. Jedes Kloster ist einem Heiligen gewidmet, wie selbstverständlich auch jede Kirche zu damaliger Zeit (ohne daß sie nun zum Verwahrort von Reliquien werden muß). Das Kloster wird vermöge der heiligen Knochen – es können auch Stoffreste, Blutstropfen, Nägel, Holzspäne oder was auch immer sein – zum leibhaftigen Wohnsitz des Heiligen. Und was wiederum das Benediktinerkloster St. Aegidien betrifft, so hat wahrscheinlich die Stifterin, Heinrichs des Löwen Urgroßmutter Gertrud, den Mönchen die Reliquien des heiligen Aegidius – einer der Vierzehn Nothelfer – und die des späteren Stadtpatrons St. Auctor geschenkt, nachdem Frau Markgräfin zuvor den Sarg mit der sterblichen Hülle des frommen Mannes kurz entschlossen und auf nicht ganz legale Weise an sich gebracht hatte. Auctor nämlich, einst Bischof von Trier, war der hohen Frau im Traum erschienen, hatte sich beklagt, daß seine Gebeine zu Trier nicht mehr verehrt würden und darum gebeten, dieselben an einen würdigeren Ort zu verbringen. So geschah es. Der heilige Mann revanchierte sich. Als im Jahre des Herrn 1200 Braunschweig von König Philipp von Schwaben belagert wurde, dem staufischen Gegenspieler des welfischen Otto (zunächst noch König, erst 1209 wird er in Rom zum Kaiser gekrönt, heißt dann Otto IV.), während dieser Belagerung also ereignet es sich, daß Auctor sich auf den Mauern der Stadt zeigt, woraufhin der heilige Schrecken in Philipp fährt und er die Belagerung abbricht. Und wer es nicht glaubt, kann es in Stein gemeißelt auf einer Gedenktafel in der Kirche nachlesen, die Herzog Anton Ulrich 1710 als Deckplatte für die im Chor bestatteten Reliquien spendierte. Sie steht heute aufgerichtet im Querschiff der Kirche. 1976 wurden die Reliquien wiederentdeckt, und man legte eine neue Platte über sie.

Noch etwas. Es hatte sich die Ansicht durchgesetzt, daß es für den gewöhnlichen Sterblichen, freilich den von Adel, keinen günstigeren Platz für seine Grabstätte gäbe als in größtmöglicher Nähe zu den Reliquien. Dort zu ruhen, wo die Gebete zum Himmel aufstiegen, wo der richtende Gott beschworen wurde, dort zu warten bis zum Tag der Auferstehung, das erschien äußerst heilsträchtig. Die Brunonen wählten also, wie erinnerlich, das Kollegiatsstift

Am 6. August 1195 verstirbt Herzog Heinrich der Löwe aus dem Haus der Welfen in seiner Burg Dankwarderode, und die Stederburger Chronik hält als seine letzten Worte fest: »Gott sei mir Sünder gnädig!« ... Man trägt ihn zum Dom hinüber. Dort bettet man ihn neben seine Frau Mathilde. Die Stederburger Chronik raunt ehrfurchtsvoll: »In dieser Zeit ist der berühmte Fürst, Herzog Heinrich, unter den Händen seiner Geistlichkeit, die er selbst zärtlich liebte und die er immer ermahnte, auf dem Wege glorreicher Zucht zum Höheren zu streben, aus dieser Welt genommen worden und im sechsundsechzigsten Jahr seines Lebens im Herrn, wie wir hoffen, entschlafen ...«

Paul Barz
(1977)

Wohnhaus Kurt-Schumacher-Straße/Ecke Adolfstraße. Seine im Geschmack der Gründerzeit aufwendig gestaltete Fassade kommt dem bürgerlichen Bedürfnis nach Repräsentation entgegen.

Um den Eindruck monumentaler Massigkeit zu vermeiden, hat der Architekt der 1912/14 erbauten Schule (oben) den Komplex dreifach gestaffelt. Die heutige Realschule am John-F.-Kennedy-Platz hat einen Altan mit Rundbogenportal als Haupteingang. Zur Turnhalle führt das barocke Portal des ehemaligen »Drewesschen Hauses«, das in den mittleren Gebäudeteil eingefügt wurde.
Auf dem Eckgrundstück Kennedyplatz/Am Windmühlenberg wurde 1891 dieses Mehrfamilienhaus in Renaissanceformen errichtet (links).

St. Cyriakus zu ihrer Grablege. Heinrich der Löwe ließ seine Gemahlin Mathilde und sich selbst in der Kollegiatskirche St. Blasii zur letzten Ruhe betten. Auch sein Sohn, Kaiser Otto IV., fand im Dom seine Grabstätte.

Zweck der zahlreichen Klöster und Stifte war also sozusagen die Bereitstellung einer großen Menge Geistlicher, die für das Seelenheil der Gesellschaft sorgten. Das gilt prinzipiell auch für die Franziskaner und Dominikaner, aber doch in anderer Weise. Beide Orden, dem Gebot unbedingter Armut verpflichtet, deswegen sich vom Betteln ernährend, hatten die Predigt zu ihrem Daseinszweck erkoren; die Dominikaner von Beginn an, die Franziskaner, durch den Papst gezwungen, etwas später. Aus der Sicht der Zeit bestand die dringende Notwendigkeit, argumentativ gegen die ketzerischen Irrlehren vorzugehen. Die Mission bestand darin, die wahre Lehre – das heißt, die Roms – zu verbreiten und den Feind aufzusuchen, wo man ihn am häufigsten antraf: in der Stadt. Dominikaner und Franziskaner errichteten ihre Konvente also innerhalb der Stadtmauern. Ihre Waffen waren Verstand und die Fähigkeit, glaubwürdig zu sein und damit überzeugend zu wirken.

Eine große Stadt und wohl befestigt, habe aber weiter in der Stadt nichts sehen können für diesmal, dieweil es etwas unruhig in der Stadt. Sie wird geteilt in 5 Städte, und hat jegliche ihren sonderlichen Rath. Von Künsten hats nichts sonderlichs stattlichs und derselben gar wenig, und fließt ein Wasser dadurch, aber nicht schiffreich. Hat keine sonderlich weiten Gassen oder großen Märkte.

Adolf Nicklass von Steinkallenfels (1615)

Ein reisender Russe gönnt sich 1438 einen Aufenthalt in Braunschweig und bringt dies zu Papier: »Diese Stadt übertrifft an Größe die vorhergehenden Städte, und Häuser mit ganz wunderbar gebauten Giebeln sind in ihr zu sehen. Auch ihre Bedachung ist sehr erstaunenswert, denn sie besteht aus Tafeln eines bläulichen Steines und ist kunstvoll und gut wie mit dem Pflug gezogen und mit Nägeln befestigt, unzerstörbar für viele Jahre (der Autor meint Schieferbedeckung). Weiter gibt es da große Kanäle, die durch die ganze Stadt geleitet werden, deren Ufer und Boden sind mit Steinen gepflastert. Und anderes Wasser wird in Säulen geleitet wie in den früher beschriebenen Städten. Und der ganze Bau dieser Stadt sieht so fest aus, daß man sich wundern muß.« Braunschweig hat ihm ersichtlich imponiert. Wir wollen das holzschnittartige Bild ein wenig beleben, indem wir uns beispielsweise zum Petritor begeben.

Die Landwehr – Verteidigung vor den Toren

Dies noch vorweg: Braunschweig hatte seit dem ausgehenden 14. Jahrhundert seine Verteidigungsanlagen verstärkt. In weitem Bogen um die Stadt hatte man eine Landwehr gelegt: Gräben, Wälle, Pfähle und Dornenverhaue; an den Durchlässen für die Straßen wurden Bergfriede errichtet. Die Landwehr soll einem Angriff zumindest den ersten Schwung nehmen, soll den Feind behindern. Daß man einen entschlossenen Gegner mit diesem Werk nicht gänzlich würde aufhalten können, darüber war man sich klar. Die Angriffswaffen wurden ständig weiter entwickelt, die Stadt mußte durch stärkere Befestigungen dagegen halten. Um 1200 war sie ummauert worden, doch der Schutz genügte nun nicht mehr. Man legte einen weiteren Verteidigungsring um Braunschweig, einen mauerbewehrten Wall mit Wassergraben. Die Toranlagen gestalteten sich dadurch recht aufwendig. Die in den Altmauerring integrierten Tortürme mit der Brücke über den Wasserlauf vor der Mauer bekamen nun Zuwachs: Ein weiteres Torgebäude auf dem neuen Wall nämlich und eine weitere Brücke über den neuen Wassergraben.

Schon unser Russe hatte sich darüber gewundert, daß die Stadt »so fest« aussehe. Auch Enea Silvio Piccolomini, italienischer Humanist und seit 1458

Papst (Pius II.), äußert sich begeistert über die »berühmte sächsische Stadt«, die in ganz Deutschland denkwürdig sei: »Groß und volkreich, mit Mauern und Gräben bewehrt, in der die Türme und Befestigungsanlagen, die prächtigen Häuser, die reinlichen Straßen und geräumigen und reichgeschmückten Gotteshäuser sich auszeichnen.«

In seinem »Zollbuch« von 1503 belehrt uns der schon bekannte Hermann Bote – wenn wir es nicht schon selber gewußt haben –, daß man vom Petritor aus über Hildesheim nach Köln gelange. Wir wollen nun ein wenig des Volkes Treiben beobachten, das Geschiebe, das Gedränge bestaunen, den Lärm und die Gerüche aufnehmen, der Torwache bei der Arbeit zuschauen ... Man kann vom Tor auch die Straße nach Celle einschlagen, denn kurz hinter dem Tor, stadtauswärts gesehen, gabelt sich der Weg: Rechts geht es nach Celle, links Richtung Hildesheim. Es ist wichtig, daß man das richtige Tor wählt; vor der Stadt hat man zwar Verbindungswege zwischen den einzelnen Straßen gebaut, später gibt es sie allerdings nicht mehr, und wer jetzt erst bemerkt, in der falschen Richtung geschritten zu sein, muß sehr weit und sehr lange laufen, bis er wieder auf den richtigen Weg kommt. Ein engmaschiges Straßennetz ist nicht vorhanden.

Ausflug in das Mittelalter – Engstelle Stadttor

Radeklint und Bäckerklint sind vollgestellt mit zweirädrigen Karren, solchen mit vier Rädern, mit einem Pferd als Zugtier, mit deren zwei, drei und sogar vier. Ballen und Fässer und Säcke liegen gut verschnürt darauf, die Wege sind schlecht, die Fuhre darf nicht verrutschen. Vielleicht auch hat der Kaufmann später ein Gebiet zu durchqueren, in dem noch sehr altertümliches Recht herrscht, dergestalt, daß alles, was einem Kaufmann vom Wagen fällt, dem Grundherrn gehört. Mancherorts genügte es auch schon, daß die Achse den Boden berührte – bei den miserablen Wegen konnte dies wohl leicht geschehen. Eine andere Frage allerdings war, ob das Mißgeschick dem Grundherrn überhaupt zu Ohren kam. Die Grundruhr, wie dieses Recht heißt, galt auch für Wasserwege. Berührte ein Schiff den Grund, so war das Handelsgut dem Territorialherrn verfallen. Braunschweigs Herzöge waren weitblickend genug, um auf dieses Recht zu verzichten.

Die Kaufleute warten und schwatzen, sie warten, daß ihnen endlich die Tordurchfahrt freigegeben wird, damit sie sich auf die Fernstraße begeben können. Sie haben sich zu einer Fahrtgemeinschaft zusammengetan, zu einer Karawane, wie man im Orient sagen würde. So können sie einander besser beistehen im Falle einer Gefahr, können helfen, wenn einem aus ihrer Mitte ein Unfall oder sonst ein Unglück widerfahren sollte – der Frachtwagen kann brechen, kann im Morast steckenbleiben, ein Pferd kann krank werden, und nicht zuletzt: Eine Karawane bietet am besten Schutz gegen Überfälle. Recht verwegen sehen sie alle aus. Die Reisekluft ist grob und dauerhaft, die Schuhe von festem Leder. Den Rock hält ein starker Gurt zusammen, an dem die Tasche mit dem Geld und ein Messer hängen. Das Messer braucht der reisende Kaufmann zum Schneiden des Brots oder zum Durchtrennen eines Seils, nicht zur Verteidigung. Bei einem Überfall wird er sich mit dem Schwert wehren; er darf eine solche Waffe, sonst nur den Adligen gestattet, bei sich führen – Kaiser

Die italienische Hochrenaissance hat stilistisch Pate gestanden bei dieser Villa. Kaufmann Arnold Rimpau ließ sie von dem Braunschweiger Architekten Constantin Uhde entwerfen, der den wuchtigen Bau 1881 fertigstellte. Vier Säulenpaare betonen das Obergeschoß und tragen das Gebälk mit dem Gesims und der aufgesetzten Attika. Der Mittelteil der symmetrisch strukturierten Fassade ist als Risalit ausgebildet, dem eine Auffahrt vorgelagert ist.

Die runde Eingangshalle der Villa bezieht das Obergeschoß mit ein und steigert auf diese Weise die Wirkung der Architektur. Dekorative Akzente setzen der Kamin mit seinem edel durchgebildeten Aufbau und die malerische Ausgestaltung der Unterseite des Rundgangs im Obergeschoß sowie dessen Brüstung.

Wie feine Ironie, vielleicht auch wie ein Akt ausgleichender Gerechtigkeit mutet es an, daß seit 1954 in der Rimpauschen Villa mit ihrer herrschaftlichen Prachtentfaltung das Braunschweiger Sozialgericht untergebracht ist. Allein das in pflanzenhaften Formen geschmiedete Treppengeländer mit dem stilvollen Kandelaber ist eine Kostbarkeit; dazu die reich verzierte Kassettendecke mit dem Kristallüster und der im Erdgeschoß stehende üppig ausgestattete Kamin mit

Löwenköpfen – all dies zusammengenommen trägt, obgleich in einem Bürgerhaus angesiedelt, quasi fürstliches Gepräge.

Friedrich I. Barbarossa hat den Kaufleuten dieses Privileg zugestanden –, allerdings nicht am Leibriemen befestigt, sondern auf den Wagen gelegt.

Die Fuhrwerke, die Lastpferde und Handkarren, die Lastenträger, die Säcke geschultert haben, die Burschen, die ein Faß vor sich her rollen, sie alle wollen in die Stadt hinein, haben die enge Tordurchfahrt passiert; nun sind die an der Reihe, die hinaus wollen. Bewegung kommt in die wartenden Frachtwagen, die Pferde legen sich ins Zeug, die Wagen rucken an, und langsam, ganz langsam lichten sich Radeklint und Bäckerklint, zertrampelt von den Hufen, zerfurcht von den Rädern und voller Pferdeäpfel.

Gegen Überfälle schützen konnte sich ein Kaufmann oder ein ganzer Zug auch durch Geleit. Freilich eine Sicherung von zweifelhafter Natur: Das Geleit stellte der Territorialherr, durch dessen Gebiet der Kaufmann zog. Mitunter wurde dieses Recht auch an Städte oder sogar einzelne Personen übertragen, dann und wann auch schlichtweg von diesen annektiert. »Der Grund für diese Begehrlichkeit lag in der Einnahme aus dem Geleit, das der Kaufmann bezahlen mußte. Wollte einer die Ausgabe – zu der noch die Trinkgelder kamen – vermeiden, so mochte er leicht von dem betreffenden Geleitsherrn selbst geplündert werden. Im Geleitsfall war allerdings der Geleitgeber für jeden Schaden verantwortlich, doch war dieser Ersatz oft schwer durchzusetzen. In späterer Zeit bildete sich das ganze Geleitswesen immer mehr zu einem Unfug und zu einer argen Plage für den Kaufmann aus« (Steinhausen, Seite 23).

Damit nicht genug. Eine weitere, weitaus stärkere Plage wartete auf die Kaufleute: der Zoll. Karl der Große hatte ihnen zwar die Freiheit der Straße zugesichert, das aber war schon lange her und mittlerweile nichts als Makulatur. Jeder Grundherr kassierte, der Kaufmann war dagegen machtlos. Es sei denn, er log den Zöllnern so dreist wie überzeugend ins Gesicht, daß man ihn abgabenfrei gestellt hatte. Manchmal mochte das sogar die Wahrheit sein.

Mit dem letzten Fuhrwerk sind wir auch zum Petritor hinausgegangen. Zwei Wagen können hier nicht aneinander vorbeikommen, ohne zu kollidieren. Aber Fußvolk hat sich hineingedrängt, angeblafft von den Abreisenden, wenn die Pferde scheu wurden, und so mancher Hieb mit der Peitsche sauste auf die ungebetenen Ankömmlinge nieder. Dann schimpften sie zurück und rächten sich mit obszönen Gesten. Die Torwache sieht viele Menschen nur mit Mißvergnügen in die Stadt strömen – besonders die Bettler mit ihrem nimmermüden Erfindungsreichtum, den Städtern manche Münze aus dem Geldsack zu locken; es gibt welche, die sich mit großer Meisterschaft epileptisch stellen und als Besessene gelten; es laufen auch viele falsche Blinde herum; Mütter mit gemieteten verkrüppelten Kindern heischen Mitleid, überhaupt die Krüppel, die sich erstaunlich behende durch die Gassen bewegen; alles erdenkliche Komödiantenvolk drängt zum Tor herein, Jongleure, Clowns, Tänzer, Akrobaten aller Art, Beutelschneider, Feuerfresser, Quacksalber, Dresseure mit Hunden, Böcken, Äffchen – wir sind einigen von ihnen schon auf dem Altstadtmarkt im Kapitel »Wie Inseln im Strom der Zeit« begegnet. So mancher Handwerksbursche will hinein in die Stadt, so mancher Mönch ist auf dem Weg zum Kloster seines Ordens; die Nonnen sind schon im Heiligkreuzkloster vor dem Stadttor, auf dem Rennelberg, angekommen. Hinein wollen aber auch Adlige, hoch zu Roß drängen sie sich durch die Menge, und es kann durchaus sein, daß einer von ihnen der Stadt Fehde angesagt hat, weil ihn der Rat, wie er behauptet, um wohlerworbene Rechte betrogen hat. Ein wenig willkommener

Zu jeder Villa gehört ein Garten, so auch zur Rimpauschen. Es sind parkähnliche Anlagen, die mit großer Sorgfalt von Landschaftsgärtnern angelegt wurden und mit ihrem Bestand an Bäumen, Buschwerk, Blumenrabatten und Rasenflächen dem jeweiligen Zeitgeschmack entsprachen. Ein solcherart gestalteter Park wirkte – und wirkt noch heute – als glückliche Verbindung von Natur und Kultur.

Das Wohnhaus Lessingplatz 6, 7, 8 entstand 1894/95 auf einem ausgedehnten Eckgrundstück an der Nordseite des Platzes. Die Fassaden von Nummer 6 und 7 sind symmetrisch angelegt und zeigen den seinerzeit beliebten Stil der Neurenaissance. Unten der Balkon am Eckrund. Haus Nummer 8 wurde als einachsiger Bau angefügt, später dann durch den klobigen Erker (rechts außen im Bild) verunziert.

An den Baustil der frühen italienischen Renaissance hat sich diese Villa von 1873 (Lessingplatz 10) angelehnt. Sie besteht aus zwei parallel gestellten Baukörpern, die ein zurückspringender Trakt verbindet.

In Neurenaissance-Nachbarschaft nun ein neugotischer Bau, Lessingplatz 11. Das fast zugewachsene Haus faßt drei Fensterachsen in seinem Mittelrisalit zusammen, der in einen Zwerchgiebel ausläuft.

Braunschweigs berühmteste Villa heißt »Salve Hospes«, Lessingplatz 12. Peter Joseph Krahe baute sie für den Kaufmann Dietrich Wilhelm Krause in den Jahren 1805 bis 1808. Krahe lehnte sich bei seinem Entwurf an die bahnbrechenden Arbeiten des Italieners Andrea Palladio (1508–1580) an, schuf aber mit dieser Villa ein durchaus eigenständiges Werk. Eine dreiteilige Freitreppe führt zum Haupteingang an der Straßenfront (Bild rechts innen), der von zwei Säulen mit ionischen Kapitellen sowie zwei Greifenpaaren mit Kandelabern flankiert wird (Bild rechts außen).

Portikusruine im Bürgerpark. Es sind Reste der ehemaligen Augusttorwache, entworfen 1806 von Peter Joseph Krahe, die man 1896 an dieser Stelle aufbaute.

Gast. Das bunte Volk wogt zum einen Tor hinein, zum anderen hinaus, sich stetig zwischen den Karren, den Wagen, den Packpferden drängend – es ist ein ewiges Kommen und Gehen bis zum Abend, wenn die Stadttore geschlossen werden und der Nachtwächter sich für seine Runde bereitmacht. Ein Glockenschlag noch, und Braunschweig begibt sich für heute zur Ruhe.

Urbane Strukturen – Stadtplan und Gemeinsinn

Dorf ist Anpassung, Stadt ist Schöpfung, heißt es lapidar. Aber die Schöpfung ist nicht vollendet, sie schreitet ständig fort nach einem Plan, der in ihrer Gründung beschlossen lag. Heinrich der Löwe hat diesen Plan zum größten Teil entworfen, er ist noch heute am Muster der Straßen und Plätze ablesbar. Ein regelmäßiges Straßennetz prägt das Weichbild Hagen. Zwei in Nord-Süd-Richtung verlaufende Hauptachsen – die Wilhelmstraße und Bohlweg/Wendenstraße – bilden gewissermaßen das Rückgrat; Fallersleber Straße und Steinweg, die jeweils zu einem Stadttor führten, kreuzen sie rechtwinklig. Das weiträumige Raster wurde durch eine Binnengliederung nach gleichem Schema erschlossen. Eine andere Geometrie liegt der Neustadt zugrunde, auch sie in ihrem Ursprung noch immer erkennbar, wenn auch mit Schwierigkeiten. Vom Radeklint aus führen drei Straßenzüge Richtung Hagen: Beckenwerkerstraße, Weberstraße, Lange Straße. Aus letzterer ist eine gesichtslose Durchgangsstraße geworden, im Grunde genommen nur noch geeignet für den Autoverkehr, dort zu flanieren verbietet sich von selbst; Weber- und Beckenwerkerstraße sind vom Radeklint abgetrennt und ihrerseits durch einen Bogen miteinander verbunden; der Radeklint mußte eine Verwandlung in eine mehrspurige Kreuzung über sich ergehen lassen, als Platz hat er aufgehört zu existieren. Beispiele ähnlicher Art gibt es zuhauf.

Die Weiterführung der herzoglichen Schöpfung durch die Bürger gelang bruchlos, was heißt, daß über die Jahrhunderte eine gezielte Ordnungsabsicht am Werke war, die über das Wachstum der urbanen Struktur wachte. Das kann aber nur gelingen, wenn die Bewohner einer Stadt sich im Idealfall einig sind in dem, was sie fordern, was sie wünschen, was sie erwarten; kann nur gelingen bei entwickeltem Gemeinsinn, der auch Gruppenegoismus einzubinden in der Lage ist; kann nur gelingen bei Vorhandensein einer »kollektiven Vorstellungswelt« (Vittorio Lampugnani), einer Unterströmung jenseits aller Tagesaktualität, die Werte und Maßstäbe setzte und die seit Generationen Richtung und Ziel vorgegeben hatte.

Heinrich der Löwe und nach ihm seine Braunschweiger wußten nur zu gut, was sie sich wünschten, was sie erwarteten und welche Forderungen sie zu stellen hatten. Ihr Gemeinwesen war in allererster Linie eine Handelsstadt. Also wurde die Schöpfung des Löwen und die Weiterschöpfung darauf ausgerichtet: Die Straßen erlaubten zügigen Verkehr, verwinkelte Straßenführung wäre nur hinderlich gewesen, die Plätze wurden als Märkte oder Sammelpunkte der Kaufmannssiedlungen ausgelegt; bei den Häusern mußten geschäftliche und private Nutzung in Übereinstimmung gebracht werden, das heißt, sie mußten entweder Speicher und Wohnhaus in einem sein, oder aber man errichtete mehrere Gebäude und verteilte die Funktionen. So sind die Braunschweiger Hofanlagen zustandegekommen. Wobei sich die größeren,

Herbststimmung im Bürgerpark. Die ausgedehnte Grünanlage entstand vor der Jahrhundertwende im ehemaligen Niederungsgebiet der Oker. Ausgestattet wurde der Park mit Teichen und Spielflächen; die Braunschweiger können hier ihre Mußestunden im Grünen verbringen, bei erholsamen Spaziergängen den Wechsel der Jahreszeiten genießen und vom arbeitsreichen Alltag ausspannen.

Carl Theodor Ottmer war der Architekt dieser Villa von 1840 am Wendentorwall 17. Trotz einiger Veränderungen (Dach, Fensterläden, Terrasse) ist das Haus noch immer ein gutes Beispiel für den Klassizismus.

Von ruhiger ausgeglichener Gemütsart scheint diese Villa am Fallersleber-Tor-Wall 16 zu sein, die nach der Jahrhundertwende gebaut wurde. Zu diesem Eindruck trägt nicht unwesentlich das allseitig abgewalmte Mansarddach bei.

Eines der beiden sich spiegelbildlich gegenüberstehenden Torhäuser am ehemaligen Wendentor, entworfen von Peter Joseph Krahe. Sie waren Teil des früheren, großzügig angelegten Stadtzugangs. Ein Gebäude diente als Wach-, das andere als Zollhaus.

Das ehemalige Torschreiberhaus, Am Wendentor 1, entstanden Ende des 18. Jahrhunderts, ist ein Fachwerkbau. Nach damaliger Mode sollte der Anstrich einen massiven Steinbau vortäuschen. Die noch aus der Bauzeit erhaltene Tür zeigt klassizistische Felderung, Oberlicht und Louis-seize-Dekoration.

Wenig geglückt ist diese Kombination aus Pseudo-Tempel und Hauswand von 1872 (Fallersleber-Tor-Wall 2). Die über dem Sockelgeschoß hochragenden ionischen Säulen mit Architrav und Tympanon sehen aus wie angeklebtes Beutegut aus Griechenland.

meist patrizischen Höfe von denen der Kleinbürger deutlich unterscheiden. »Nur zu den größeren gehörte meist ein heizbares Steinhaus als Wohnraum der Familie, die sogenannte Kemenate, während das Vorderhaus und auch die Nebengebäude aus Holz waren« (Kimpflinger, Seite 27). Unter der Adresse Am Magnitor 1 findet sich noch eine Hofanlage aus dem späten Mittelalter, stilvolles Ambiente für die Gäste eines dort etablierten Hotels.

Zu dieser Vorstellungswelt gehört selbstverständlich ein kollektiv-ästhetisches Bewußtsein von dem, was »schön« ist. Es herrscht grundsätzlich Einigkeit darüber, daß eine Kirche so und nicht anders gebaut wird; daß sie in bestimmter Weise ausgeschmückt wird mit Fresken und Altären, daß die Glocken ein Dekor haben müssen; die Geschütze desgleichen; daß ein Brunnen nicht nur schlichte Wasserzapfstelle ist, sondern auch ästhetisch anspruchsvoll sein muß; daß das Haus mit bestimmtem Schnitzwerk verziert wird – was dem Kunsthistoriker zum Beispiel zeitliche Zuordnungen erlaubt –; daß das Haus selbst stets in bestimmten Formen gebaut wird – was dem Kunsthistoriker wiederum zeitliche Zuordnung erlaubt –; die Aufzählung läßt sich nahezu beliebig fortsetzen. Letztlich ist die mittelalterliche Stadt auch als Ganzes Ausdruck des Schönheitsempfindens ihrer Bewohner, Ausdruck jener kollektiven Vorstellungswelt. Dies alles stand jenseits von Mode. Es war Stil. Bemerkenswert genug: Eine mittelalterliche Stadt wird noch heute – kollektiv – als »schön« empfunden, das, was sich um den Gegenwartsmenschen herum auftürmt, hingegen nur in Ausnahmefällen. Dem Stil liegt immer ein bestimmter Geist zugrunde. Ohne Geist kein Stil. Ändert sich der Geist, wandelt sich der Stil. Mode ist in diesem Verständnis geistlos.

Die Stadt Braunschweig liegt in einer Ebene, an den Ufern des Ocker-Flusses. Die Häuser sind meistens alt; einige Zeit her, hat man aber viele neue Gebäude aufgeführt; und die Stadt wird täglich schöner.

John Moore
(1729–1802)

»Gleich einem kostbaren Edelstein liegt diese Stadt in der ausgedehnten Ebene nördlich des Harzes. Von den Türmen und Dächern weithin blinkend und aus der Tiefe leuchtend in den satten Farben des Mittelalters, so steht sie und zeigt ihre Silhouette. Und von welcher Seite man sich ihr auch nähert, immer sind es die schlanken Türme, die in herrlicher Steigerung nach der Stadtmitte hin gleichsam als Wahrzeichen Ruf und Namen wie in Posaunenstößen verkünden: Braunschweig! – Man muß weit fahren und noch weiter wandern, bis in andere Landschaften und Kulturbereiche hinein, ehe man eine Stadt ihresgleichen findet. Diese Stadt ist einmalig« (Lufft, Seite 5).

Da hat jemand gewaltig in die Leier gegriffen, da hat es ihn beim Anblick Braunschweigs fortgerissen. So beredt hätten der Russe und Italiener nie und nimmer schildern können, was sich vor ihren Augen entrollte. Aber schließlich sind sie fünfhundert Jahre früher vor Ort gewesen als unser Lobredner und waren gewiß etwas sinnesstumpfer.

Wehrhaftes Braunschweig – Türme, Wälle und Basteien

Es fällt auf, daß Reisende immer wieder Braunschweigs Festungswerke hervorheben: »Es ist eine sehr starke Stadt. An einigen Seiten hat sie doppelte Wälle, an anderen dreifache« (1592); »mit Mauern, Gräben, Türmen und Basteien gar wohl verwaret« (1595); »eine große Stadt und wohlbefestigt« (1615); »(Braunschweig) ist mit Wällen, Mauern und Gräben wohlversehen, auch wegen solcher ihrer Befestigungen schon vor etlichen hundert Jahren vor anderen Städten sonderlich berühmt gewesen« (1654). Der französische

Gesandte am Hof zu Celle, René Marquis d'Arcy-Martel, ist allerdings anderer Ansicht: »Braunschweig«, notiert er, »ist schwer zu verteidigen wegen seiner Lage, weil es sehr umfangreich ist und an mehreren Stellen von der Umgebung überhöht wird« (1685).

Der Mann befindet sich im Irrtum. Braunschweig ließ sich sehr gut verteidigen, jeder Belagerer hat es noch allemal erfahren müssen. Wobei anzumerken ist, daß es zuzeiten des Gesandten keine Belagerung mehr gegeben hat. Schon die alte Stadtmauer hatte gute Dienste geleistet, als Philipp von Schwaben Braunschweig im Jahre 1200 belagerte, es wurde schon erwähnt; und auch, daß die Stadt ihre Befestigungsanlagen in den folgenden Jahrhunderten immer weiter ausbaute.

Die Fortifikationen können als Spiegel der unguten Verhältnisse zwischen Braunschweig und seinen Stadtherren, den Herzögen, gesehen werden. Braunschweig hatte sich zunehmend von der Herrschaft des Welfenhauses befreien können. Es war als Mitglied der Hanse zu einer der bedeutendsten Handelsmetropolen aufgestiegen; weil seine Bürger wohlhabend geworden waren, wurde es auch die Stadt. Über Geld zu verfügen, macht unabhängig, und so sahen sich die Herzöge im Lauf der Zeit immer mehr an den Rand des Geschehens gedrängt, das selbstbewußte Braunschweig nahm seine Geschicke zunehmend in die eigenen Hände und kümmerte sich kaum noch um landesherrliche Wünsche. Braunschweig trat auf wie ein eigenständiges Staatswesen, knüpfte Beziehungen zu anderen Fürstentümern, zu Kaisern, zu Städten; es war bestrebt, reichsunmittelbar zu werden, also ein von seinem Herzog völlig unabhängiges Gemeinwesen, nur Kaiser und Reich verpflichtet – ein Ziel, das Braunschweig nie erreichen sollte.

Nachmittags besahen wir die Vestung von der Stadt. Die Helfte der Stadt ist wohl bevestiget, fast auf Pagans Manier, mit sehr großen und weitläufigen Bollwerken, in welchen noch verschiedene Retranchemens, die man sonst nur in der Belagerung, und erst im Falle der Noth macht. Die andere Helfte der Vestung aber ist noch, wie sie vor Alters gemacht worden, nur mit einem niedrigen schmalen, und keinem untern Wall versehen. Jedoch macht allhier das Gewässer von der Ocker, die sich in viele Aerme theilet, es zimlich veste ...

Zacharias Conrad von Uffenbach (1683–1734)

Mit Spiess und Feuerrohr – Bürger schützen ihre Stadt

Der Gegensatz zwischen Stadtherr und Stadt führte schließlich dazu, daß der Herzog seine Residenz um 1432 von Braunschweig nach Wolfenbüttel verlegte. Braunschweigs Bürgern konnte dies nur recht sein; aus den Gegensätzen aber wuchs allmählich eine handfeste Gegnerschaft hervor, die immer aufs neue in kriegerischen Auseinandersetzungen mündete. Die Stadt scheint dies frühzeitig geahnt zu haben und traf Vorkehrungen: den Ausbau der Verteidigungsanlagen nämlich und die Bewaffnung ihrer Bürger. Die Wälle wurden verstärkt. Den äußeren Toren wurden im 15. Jahrhundert Zwingertürme beigegeben, die aus der Wallfront hervorsprangen. Von ihnen aus konnte der andrängende Feind wirkungsvoll unter Feuer genommen werden. Dem gleichen Zweck dienten die später errichteten Rondelle, aus denen sich dann im 17. Jahrhundert die spitzwinkligen Bastionen entwickelten.

Jeder Braunschweiger war verpflichtet zur Verteidigung seiner Stadt. Für seine Bewaffnung – zumeist Schwert, Degen, Spieß, Streitaxt und Beil – mußte er selber sorgen. Eine kostspielige Sache, vor allem dann, wenn er nachrüsten wollte und zum Beispiel ein »Feuerrohr« erwarb; dazu aber war er nicht verpflichtet. Rat und gehobenes Bürgertum waren stark am Büchsenschießen interessiert, man förderte aus diesem Grund die Schützengesellschaft, die für Ausbildung und Training sorgte. Sie pflegte auch das Stückeschießen, ein beliebtes Freizeitvergnügen von kriegerischer Bedeutung. Der Rat selbst sah

Reizvolle Gestaltung eines Balkons am Gieselerwall. Die schlanken Säulen stellen stilisierte Bäumchen dar, zwischen denen sich ein Band wie eine luftige Gardine mit Kreuzmuster spannt.
Rechts ein Fenster der Villa Hohetorwall 11. Bemerkenswert ist das geschmackvolle, unaufdringliche Dekor aus pflanzenartigen Elementen. Die spielerischen Formen und die frischen Farben lockern die Fassade auf.

Ein belebender Gegensatz ergibt sich aus der streng gegliederten Fassade dieser Villa am Petritorwall (links) und dem schwungvollen Dekor über den Fenstern und der Tür zum Balkon.

Gästehaus der Technischen Universität, früher die Villa des Bankiers Löbbecke am Inselwall, erbaut 1880/81 von Constantin Uhde in Formen der römischen Renaissance. Der Villa vorgelagert und von ihr getrennt durch Weg und Einfriedung ist der Bammelsburger Teich.

die artilleristische Wehrertüchtigung seiner Bürger zwar mit Wohlgefallen, meinte aber doch, den Eifer ein ums andere Mal dämpfen zu müssen, denn die Sache kam ihn teuer zu stehen; er stellte die Geschütze zur Verfügung und lieferte obendrein Kugeln und Pulver. Stückeschießen wurde schließlich auf einen zwei- bis dreijährigen Turnus beschränkt.

Grundsätzlich war eine Bauerschaft für ein Tor mit entsprechendem Wallabschnitt verantwortlich. Die Bauerschaften bestanden aus Bürgern der einzelnen Weichbilde mit Bürgerhauptleuten an ihrer Spitze. Sie formierten sich zu Riegen, die sich wöchentlich in der Wache auf Wall und Tor – den Innentoren – ablösten. Den täglichen Wehrdienst an den Toren besorgten freilich bezahlte Kräfte.

Waren die Zeiten ruhig, schob man Gammeldienst, ließ sich bisweilen auch davon mit fadenscheinigen Gründen befreien oder blieb unentschuldigt fern, bezahlte einen Ersatzmann oder verteilte Schweigegelder an die Kameraden. So war alles in schönster Ordnung.

Zog Krieg herauf, wurde es für die Wachen ernst. Sie besetzten jetzt auch die äußeren Tore, die nachts verriegelt wurden. Sie wurden nicht eher geöffnet, als bis die Wache von den Wällen aus das Vorgelände genauestens beobachtet und es für frei von irgendwelchen Feinden erklärt hatte. Stündlich wurden die Schildwachen abgelöst, sie hatten vor dem Tor zu patrouillieren. Stand der Feind schon im Gelände vor dem Wall, wurde »die Fahne errichtet«, das heißt, ein Fähnlein – Kampftruppen – aus den Bauerschaften gebildet und einem Hauptmann unterstellt.

Dieses Wohnhaus von 1893 nimmt das Eckgrundstück Museumstraße 2/Steintorwall 22 ein. Bemerkenswert ist die Gestaltung der abgerundeten Ecke in barockisierenden Formen. Der Architekt hat sich sichtlich um Monumentalität bemüht, wie es die kolossalen Pilaster belegen. Die runde Front setzt sich in den beiden Obergeschossen nicht fort, Balkone schieben sich an ihrer Stelle nach vorn.

Eine unendliche Geschichte – die Bürger und die Herzöge

Die Festung Braunschweig wurde zwar im Laufe der Jahrhunderte mehrmals belagert, aber nie erobert. Bis auf ein einziges Mal; und danach war es mit der Bürgerherrlichkeit vorbei. Herzog Rudolf August hatte in bester Manier eines absolutistischen Fürsten beschlossen, Braunschweig unters Joch zu zwingen. Die Stadt sah sich unvermutet einer welfischen Koalition gegenüber. Sonst stets uneins – was die Stadt oft genug für ihre Zwecke hatte ausnutzen können – war es Rudolf August gelungen, seine Vettern in Celle, Hannover und Osnabrück für den Kriegszug zu gewinnen. Schließlich winkte auch fette Beute in Form von Ländereien und Dörfern; Braunschweig selbst ließ sich Rudolf August förmlich übertragen; dem hannoverschen Welfen wurde der reiche, noch auf Heinrich den Löwen zurückgehende Reliquienschatz des Domstifts zugesprochen (und auch tatsächlich nach dem Sieg der Koalition dorthin verbracht) – man verteilte das Fell des Bären, noch bevor man ihn hatte.

Aber man erlegte ihn. Am 19. und 20. Mai 1671 begann die Belagerung, am 12. Juni war sie zu Ende. Der herzogliche Stadtkommandant rückte mit seinem Regiment durch das Fallersleber- und das Steintor ein, am nächsten Tag folgten 5000 Mann Besatzung.

Ein unrühmliches, aber kein unerwartetes Ende. Gekämpft hatte man nicht, abgesehen von einer heftigen fünftägigen Kanonade der herzoglichen Artillerie, die beträchtlichen Schaden an Wohnhäusern anrichtete. Die städtischen Geschütze auf den Wällen erwiderten das Feuer nicht minder heftig, ohne jedoch Erfolge erringen zu können. Nach Lage der Dinge war es

Das sogenannte Handelshaus, Magnitorwall 12, gehört zu den verputzten Fachwerkgebäuden, die einen Steinbau imitieren. Es war – vermutlich bis etwa 1870 – ein Pferdestall der Dragoner, womit sich seine ungewöhnliche Länge erklären würde. Das Bild zeigt die zwei Fensterachsen breite Toreinfahrt und ein Reliefwappen mit dem Wahlspruch »In Treue fest«.

Dieses eher schlicht wirkende Eckhaus, Steintorwall 8, gewinnt seinen Reiz aus dem Kontrast der einfachen gelben Ziegelwände mit dem Sandsteindekor an den Fenstern und Gesimsen, der Renaissance- und Barockformen zeigt.

Löwenwall 6, eine Villa (links), die sich Druckereibesitzer Friedrich Westermann 1880 bauen ließ. Architekt Constantin Uhde nahm die italienische Renaissance zu Hilfe und entwarf das ansehnliche Haus. Das Bild gibt den Erker an der Südseite wieder.

Das Wohnhaus Magnitorwall 5 ist aus einem Umbau hervorgegangen, bei dem man das zweite Geschoß aufgesetzt hat. Das klassizistische Gebäude wurde in Fachwerk errichtet und mit Holz verschalt. Die Verkleidung imitiert einen horizontalen Fugenschnitt.

zunächst gar nicht sicher gewesen, daß die Herzoglichen siegen würden. Die Belagerung kostete viel Geld, sollte also tunlichst so rasch wie möglich durch eine Erstürmung beendet werden oder aber durch Verhandlungen. Allzu lange durfte sich die Belagerung auch deswegen nicht hinziehen, weil Entsatz der Stadt nicht gänzlich auszuschließen war.

Die Braunschweiger waren sich uneins, was zu tun sei. Wie üblich in solchen Fällen, formierten sich eine Kriegs- und eine Friedenspartei. Die einen, vor allem der Rat, waren fürs Durchhalten; die anderen, Teile der Bürgerschaft, fürs Verhandeln, darunter auch solche, denen eine herzogliche Regierung lieber war als eine des Rates. Ein Braunschweiger Autor der Jetztzeit kann es noch immer nicht fassen: »Wie sehr alles Sinnen und Trachten dieser Kreise nur auf Verdienen und Wohlleben gerichtet war, sollte sich später sehr deutlich zeigen, als man sich leichten Herzens zur Unterwerfung bereit erklärte, wofern man nur von Steuerdruck und Einquartierungslast frei blieb« (Spieß, Seite 222).

Man rechnet gegen drittehalbtausend Menschen, die hier theilst zum Vergnügen, hauptsächlich aber zum Ankauf und Umsatz ihrer Waaren auf jeder Messe zusammenkommen, und die dem Lande durch Consumption, Posteinkünfte usw. große Vortheile verschaffen. Der Transito- und Speditionshandel in Braunschweig von und nach allen deutschen Provinzen ist sehr beträchtlich und giebt einer Menge Kaufmannshäuser jährlich sehr ansehnlichen Verdienst.

Johann Hermann Stöver (1789)

Rudolf August nutzte den Zwiespalt – Braunschweig kapitulierte und leistete die Huldigung. Der Rat wurde entmachtet und die Ratsverfassung außer Kraft gesetzt; eine fürstliche Kommission übernahm die Verwaltung. Der freie Bürger Braunschweigs sank zum Untertan herab.

Die ruhmreichen Zeiten der Hanse waren schon lange vorher zu Ende gegangen, der Handel stagnierte, Braunschweigs Kassen waren längst nicht mehr wohlgefüllt.

Die herzogliche Verwaltung legte schon 1671 eine »Contingent- und Bürgerrolle« an. Jeder Braunschweiger war verpflichtet, Angaben über seinen Beruf, über seine Einkommens- und Vermögensverhältnisse zu machen, nach denen sich seine Steuerschuld berechnete. Aus dieser Liste ergibt sich, daß die Bürger überwiegend vom Gewerbe und erst in zweiter Linie vom Handel lebten. Braunschweig zählte zu dieser Zeit etwa 15 500 Einwohner. Die wirtschaftliche Blüte war bereits vorbei, noch ehe der Herzog die Stadt zurückerobert hatte. Er war es dann, der die Finanzkraft der Bürger und damit ihren Wohlstand wieder zu heben versuchte. Schließlich hatte er den Nutzen höherer Steuereinkommen.

Er ließ zwei Warenmessen einrichten, eine im Sommer, die andere im Winter. Sie wurden ein Erfolg. Als Gelände dienten Altstadt- und Kohlmarkt sowie anschließende Straßen. Man baute neu, man baute um. Gasthöfe entstanden, ein Laubengang mit Messegewölben in der – heute – Neuen Straße wurde errichtet und später überbaut mit einem Haus, in welchem unter anderem ein Börsensaal und das Kaufgericht untergebracht wurden. Eigens für die Messen wurde der Autorshof gebaut, nachdem man die Autorskapelle abgerissen hatte. Es kam allmählich wieder Leben in die Stadt, die Lähmung wich.

Die neue Baulust – von Barock und Klassizismus

Auch die Nachfolger Rudolf Augusts ließen bauen, Fürsten waren noch stets große Bauherren, zumal im Barock. In dem Jahrhundert nach Rudolf August entstanden zahlreiche Bauwerke. Geblieben ist nur wenig, so unter anderem das Haus des Generalpostmeisters Stechinelli und auch dies nur als Rekonstruktion; die 1708 von Hermann Korb umgebaute, im Zweiten Weltkrieg stark zerstörte und 1953 in vereinfachter Form wieder aufgebaute Bartholomäus-

Im Mittelpunkt des Löwenwalls, einer von Kastanien eingefaßten Rasenfläche, erhebt sich das Denkmal für zwei in den Napoleonischen Kriegen gefallene Herzöge. Der Eisenguß-Obelisk und sein Sockel messen 20,5 Meter.

kapelle; die Paulinerkirche des ehemaligen Dominikanerklosters, die, zum Zeughaus umfunktioniert (1712–1735), 1903 abgebrochen und deren Chor zum Aegidienkloster versetzt wurde. Wir befinden uns noch immer im Barock, jetzt schon mit Herzog Karl I. (1713–1780), der, seit 1735 an der Regierung, die Residenz im Jahr 1753 von Wolfenbüttel nach Braunschweig zurückverlegt. Aber der Klassizismus dämmert bereits herauf und mit ihm Herzog Karl Wilhelm Ferdinand (1735–1806), der die von seinem Vater heruntergewirtschafteten Staatsfinanzen auch nicht in kurzer Frist sanieren konnte, aber doch wenigstens den Staatsbankrott abwendete. Das Kammergebäude bei der Martinikirche entstand (1764), ebenso das Landschaftsgebäude (1794–1799) und das alte Waisenhaus (1785). Klassizistischen Stil zeigen weiterhin das Neustadtrathaus (1784/85 umgebaut) und das schon bekannte Vieweghaus. Auch das anmutige Schloß Richmond (1769) hat sich über die Zeiten retten können. Karl Wilhelm Ferdinand hatte es für seine englische Gemahlin Augusta errichten lassen. Seinen Namen hat es von dem gleichnamigen Schloß an der Themse bei London – Augusta durfte sich fast wie zu Hause fühlen.

Die Festungswälle fallen – eine Stadt verändert ihr Gesicht

Braunschweig ist in Ansehung seiner Gebäude ein ziemlich unbedeutender Ort. Ich habe wenig gut gebaute Häuser darin gefunden. Selbst einige der neuesten sind in einem so seltsamen Barockengeschmack gebauet, daß ich nicht um vieles der Erfinder davon seyn möchte.

Georg Heinrich Hollenberg (1782)

Die für Braunschweigs Stadtbild weitreichendste Entscheidung aber war der herzogliche Beschluß, die Festungswälle zu schleifen. 1801 nahm die »Wall-Demolierungs-Kommission« ihre Arbeit auf, und es gehört zu den Sternstunden der Stadt, daß sie den Architekten Peter Joseph Krahe (1758–1840) für dies gewaltige Projekt gewinnen konnte. Braunschweigs Stadtgestaltung stand auf dem Spiel. Krahe löste die Aufgabe mit großer Sensibilität, hervorragendem Geschmack und stadtplanerisch wie künstlerisch höchstem Können. Und es ist wenigstens noch so viel von den Anlagen erhalten geblieben, daß seine Intentionen erkennbar sind. Vieles aber hat im Laufe der Zeit den jeweils modernen Planungen weichen müssen, darunter einige seiner Tor- und Wachhäuser an der Stadtgrenze.

Krahes Werk ist ein Geniestreich. Festungswälle niederzulegen, ist eine Sache; sie wieder zu einem organischen Ganzen zu fügen, eine andere, weitaus schwierigere. Braunschweig war nach getaner Arbeit eingebettet in einen Kranz von grünen Bäumen, von Parks, von Wassern und harmonisch eingefügten Toranlagen. Erhalten geblieben sind noch die Torhäuser des Wendentors, des Steintors, des Fallersleber Tors und der Portikus des Augusttors im Bürgerpark, die freilich in ihrer jetzigen Umgebung ein vollkommen isoliertes Dasein führen.

Mit der Niederlegung der Wälle entstanden ausgedehnte Freiflächen. Die Stadt verkaufte sie und finanzierte auf diese Weise den recht kostspieligen Abbruch. Fünfundsiebzig weiträumige Grundstücke entstanden, die zunächst als Gärten genutzt, dann im Laufe der folgenden Jahrzehnte mit exklusiven Villen bebaut wurden.

Dort lebte die in Braunschweig geborene Schriftstellerin Ricarda Huch (1864–1947), und sie spricht, wenn sie sich an ihre Jugend in diesem Viertel erinnert, von »Sonntagsnachmittagslangeweile«. Ricardas Empfindungen sind durchaus verständlich. Eine gepflegte Langeweile, Behäbigkeit; nichts ist los auf der Promenade, die den Festungswall ersetzte. »Das einzige, willkommene

Ein beliebter Treffpunkt Braunschweigs ist das Okerterrassen-Café an der Parkstraße. Es geht zurück auf ein Wiener Café, das ein Konditormeister hier 1906 eröffnete. Die Innenräume im Stil der Jahrhundertwende haben sich im wesentlichen noch erhalten. Den besonderen Reiz aber macht der terrassierte, baumbestandene Hang zum Fluß hinunter aus – ein erholsamer Aufenthalt bei Kaffee, Kuchen, Bier und Brause.

Die St. Paulikirche bildet den Mittelpunkt des östlichen Ringgebietes, das um die Jahrhundertwende bebaut wurde. Architekt war Stadtbaurat Ludwig Winter, der das evangelische Gotteshaus 1906 fertigstellte. St. Pauli ist ein repräsentativer Sakralbau in neugotischem Stil, linkes Foto: der Haupteingang. Der Krieg vernichtete die hohe schlanke Turmspitze. Die Helme der beiden Ecktürme paßte man dem veränderten Erscheinungsbild an und flachte sie ab.

Blick auf St. Pauli von Südosten. Am Gesamtbild ist ablesbar, worauf es dem Architekten ankam: die Gegensätze zwischen vertikalem Streben und horizontalem Lagern zu vereinen. Er gestaltete und gruppierte die Elemente so, als wollten sie die Erdenschwere überwinden, ihr aber dennoch verhaftet bleiben. Der Bau mit dem Grundriß eines griechischen Kreuzes will Kirche und Burg in einem sein. Auch das Mosaik-Bogenfeld des Haupteingangs (links) legt diese Deutung nahe. Christus, Mensch und Gott, zeigt die Bibel, das zu Materie gewordene Wort Gottes.

Die sogenannten Bremer Häuser in der Jasperallee (oben). Sie wurden vor der Jahrhundertwende nach einem bremischen Vorbild konzipiert; haben von daher ihren Namen. Hofbeamte hätten sie beziehen sollen, aber die Häuser fanden keinen Anklang. Braunschweigs Bürgertum jedoch griff zu.
Der Häuserkomplex Jasperallee 1/1a–c (Bilder rechts und Seite 109 links oben) zwischen Oker und Moltkestraße wurde um die Jahrhundertwende fertiggestellt. Zunächst bewohnten ihn Hofbedienstete, danach Industrielle und ein Bankier. Carl Arndt, ein Berliner, der in Braunschweig als Patentanwalt zu Wohlstand gekommen war, kaufte das Haus 1a (Bild rechts außen, rechte Haushälfte) und richtete seine Kanzlei im Erdgeschoß

ein. Die erste Etage blieb den Wohn- und Repräsentationsräumen vorbehalten; die Schlafzimmer lagen im zweiten Stockwerk.

Abgerundete Ecke des Doppelhauses Jasperallee 86/87. Das Gebäude war eine der begehrtesten Adressen, vor allem die zur Oker gelegene rechte Seite mit der Nummer 87. Der berühmte Mathematiker Richard Dedekind hatte hier eine Sieben-Zimmer-Wohnung gemietet. Der Balkon, der zur linken Gebäudehälfte gehört, besticht durch seine anmutig geschwungene Form und verlängert den Salon ins Freie.

Gruppe der Till'schen Häuser an der Nordseite der Jasperallee. Architekt Julius Till bediente sich der wuchtigen, mitunter plump wirkenden Formen des wilhelminischen Barock, der aber von den Eigentümern geschätzt wurde. Dieses »Barock« ist kein Imitat mehr des 17. Jahrhunderts, sondern es vermischt die Stilelemente verschiedener Epochen und versucht, sie zu einer Einheit zu verschmelzen.

Erlebnis des Walles war der Windmühlenberg, ein umbuschter Hügel ...« – heute nicht mehr als ein kläglicher Rest der ursprünglichen Anhöhe, ein Opfer der überbreiten Kurt-Schumacher-Straße.

Geld und Stil – die Villen der Wallpromenade

Auf der Wallpromenade herrschten in jeder Villa, in jedem Garten die gleichen Anschauungen, die gleiche Moral, das gleiche Lebensgefühl; herrschte großbürgerlicher Embonpoint. Was bei Stobwasser, vor allem aber bei Vieweg noch Ausdruck singulärer Befindlichkeit war (siehe Kapitel »Wie Inseln im Strom der Zeit«), erreicht jetzt größere Verbindlichkeit: Der Bürger spielt Edelmann. Daß er Krause heißt, stört ihn nicht. Aber er hat Geld. Und darauf kommt es zunächst an. Geschmack hat er auch; jedenfalls nimmt er sich einen so hervorragenden Architekten wie Krahe und läßt ihn entwerfen. Das Ergebnis ist bis auf heutige Tage eine Zierde Braunschweigs, die Villa »Salve Hospes« (Gegrüßt sei der Gast). Oder er heißt schlicht Schade und läßt sich von Carl Theodor Ottmer (1800–1843) am Wilhelmitorwall ein steinernes Schmuckstück bauen. Der Bankier Löbbecke glänzt mit einer italienisierenden Prachtvilla am Inselwall, die ihm Constantin Uhde (1836–1905) auf die Reste des ehemaligen Ludwigravelin gestellt hat. Sie dient heute als Gästehaus der Technischen Universität. Die Liste ließe sich fortsetzen mit Namen wie Voigtländer, Rimpau, Heimbs, Cramer und den nicht mehr in Erinnerung gebliebenen Hofräten, Stadträten, Kommerzienräten, Kaufleuten. Der Architekt weiß um die Wünsche des Bauherrn; auf dessen Geschmack kann er vertrauen. Insofern hat der Wallring Glück gehabt, gründerzeitliche und wilhelminische Monstrositäten sind ihm erspart geblieben. Überladene Fabrikantenvillen fehlen. Was möglicherweise mit einer gewissen braunschweigischen Zurückhaltung in künstlerischen Belangen zu tun hat. Oder anders gesagt: Der Architekt und sein Auftraggeber geboten über die Kardinaltugenden Klugheit und Maß; Krahe und Ottmer sind nachgerade klassische Beispiele. Klugheit bestimmt das Maß, und Maß bestimmt die Form. Maß aber heißt Begrenzung, und ohne Begrenzung entsteht keine Form. Die Dinge – Architektur zumal – definieren sich durch ihre Form, werden unterscheidbar, gewinnen Individualität. Es kann auch heißen: Klugheit sichert das Maß, Maß sichert die Form, und Form sichert die Individualität. Bricht auch nur eine dieser Säulen weg, sind die Folgen verheerend, das aufeinander bezogene System stürzt ein.

»Geistige Zügellosigkeit ist damit von vornherein ausgeschlossen; auch der intensivste Eigensinn und der intensivste Wille zum Eigennutz werden von stadtbürgerlichen Obligationen in Schach gehalten« (Mitscherlich, Seite 35). Gerade der vom Kollektiv zugelassene Kanon der Selbstdarstellungen, dieser Zwang ist es, der den »Stadtbürger großer Tradition« seine Identität finden läßt, wobei er mit seiner Ästhetik nicht aus der Gruppe fallen durfte. Hinzu kommt, so Mitscherlich, daß die Gruppenabhängigkeit die Individualität in den sozial führenden Schichten stabilisiert und verfeinert.

Die Bebauung des Wallrings ist im wesentlichen erhalten geblieben, aber der großbürgerliche Embonpoint ist verschwunden. Anstelle verfeinerter Individualität sind Nadelstreifen, Aktenköfferchen und Laptop eingezogen. Krahes doppelte Baumreihen, heute vielfach Kastanien und Linden, sind von Autos

Der baumgrüne, fliederreiche Garten, der unser Haus umgab, grenzte vorn an die Promenade, die an die Stelle des Festungswalles getreten ist, und erstreckte sich rückwärts bis an die Oker. Nach dem Flusse zu wurde der Garten abschüssig und fiel plötzlich steil ab; deshalb befand sich dort zur Sicherheit ein Plankengatter ... Die Oker floß gelb und trübe und führte allerlei Unrat mit sich: Holzstücke, Zeuglappen, aufgeweichte Schachteln und Korke; an ihr anderes Ufer stieß die Rückseite der Echternstraße mit armseligen, verfallenen Höfen, von wo zuweilen ein seltsam greller, aufrührerischer Lärm herübertönte.

Ricarda Huch
(1864–1947)

Künstlicher Wasserfall im Botanischen Garten. Die 1840 entstandene Anlage vermittelt auf gedrängtem Raum einen Überblick über den Formenreichtum der höheren Pflanzen aus vielen Teilen der Welt. Zu den wichtigsten Aufgaben des Gartens gehört es, Pflanzen für Forschung und Lehre bereitzustellen. Das Botanische Institut sowie Gewächshäuser befinden sich auf dem Gelände.
Der Botanische Garten ist – neben seiner wissenschaftlichen Aufgabe – auch eine erholsame grüne Oase inmitten der Stadt.

zugestellt. Der alte Bürger ist ausgestorben, ein neuer hat sich in den alten Gehäusen niedergelassen und geht dort seinen Geschäften nach als Architekt, Ingenieur, Rechtsanwalt, Notar, Arzt, Steuerberater.

War der Wallring zu Krahes Zeiten noch eine Art Siedlungsgrenze, so wuchs Braunschweig bald darüber hinaus. Neue Industriebetriebe, die sich ansiedeln wollten, fanden in der Stadt kaum noch Platz, für das Gewerbe und für Kaufleute wurde der Raum ebenfalls ständig knapper. Es mußte etwas geschehen. Das Herzogtum Braunschweig hatte im Jahr 1838 – mit der ersten deutschen Staatsbahn – die Eisenbahnstrecke zwischen Braunschweig und Wolfenbüttel in Betrieb genommen; Carl Theodor Ottmer hatte den Bahnhof gebaut, dessen Überbleibsel der NORD/LB als Dekor dient. Später führte man eine Trasse in weitem Bogen westlich um die Stadt herum zum Nordbahnhof. An den Gleisen ließen sich Fabriken nieder, das Gaswerk wurde eingerichtet, ebenso das Elektrizitätswerk, und Wohnquartiere für Arbeiter entstanden. Auch das Bürgertum suchte nach neuen Wohnmöglichkeiten, und zwar die bürgerliche Schicht, »die als soziales ›Edelprodukt‹ (im Unterschied vor allem zur Arbeiterklasse) von der Entwicklung zur Industriegesellschaft überzeugt war, als die Tüchtigsten und Besten den wirtschaftlichen und sozialen Fortschritt persönlich zu führen und zu repräsentieren: Das neue Wirtschafts- und Bildungsbürgertum, das ...auf den Wällen keinen Platz mehr fand und außerdem andere, der sozialen und beruflichen Mobilität eher entsprechende Wohnbedürfnisse aufwies« (Roloff, Seite 19).

Die Stadt (Braunschweig) ... gehörte zu denen, welche wie so manche andere im neuen wirklichen Deutschen Reich seit 1866 und 1870 aus ihrer grünen Umkleidung herausgewachsen war wie ein Junge aus seinen Hosen. Sie war »Großstadt« geworden und bildete sich natürlich was drauf ein und klopfte sich dann und wann darob mit Hochgefühl auf Brust und Magen. Auf letzteren etwas seltener in den Tagen, wo die Gemeindesteuern fällig geworden waren und der Steuerbote jeden Augenblick an die Tür klopfen konnte.

Wilhelm Raabe
(1831–1910)

Die Kaiser-Wilhelm-Strasse – Bauboom in Herzogs Küchengarten

Das Gelände, das die Stadt als Neubauviertel ausgeguckt hatte, gehörte dem Herzog. Es war der sogenannte Küchengarten, getrennt durch die Okerumflut, östlich des herzoglichen Parks gelegen. Der Fürst aber weigerte sich standhaft, den Küchengarten zu verkaufen. Erst Prinz Albrecht von Hohenzollern, Regent des Herzogtums, ein preußenfreundlicher, doch auch für Braunschweiger Interessen aufgeschlossener Mann, willigte in den Verkauf ein. Stadtbaurat Ludwig Winter zog seine Pläne aus der Schublade, die Bauarbeiten konnten beginnen. Sie endeten 1910 und hatten 20 Jahre gedauert. In dieser Zeit war die Kaiser-Wilhelm-Straße, die heutige Jasperallee, bebaut worden. Ein Kilometer erlesener, großzügiger Häuser, vom Theater bis zum Stadtpark – die Klientel war's zufrieden; sie sah sich in den Neubauten bestens repräsentiert. Für die Kaiser-Wilhelm-Straße und die nächstbebauten Straßen gilt noch mehr, was schon für den Wallring gegolten hatte. Der Besitz- und Bildungsbürger findet seine Identität auch hier nur im vom Kollektiv zugelassenen Kanon der Selbstdarstellungen und fällt mit seiner Ästhetik nicht aus der Gruppe.

Jedoch: Aus der Villa ist das Mietshaus geworden; es dient der Selbstdarstellung, der Repräsentation. Aber der Mieter muß es teilen mit seinen Mitbewohnern. Die Häuser zeigen nun nicht mehr durchgängig Maß und Form. Wilhelminisches Protzentum schlägt ein ums andere Mal durch. Dieser Bürger ist nicht mehr unbedingt stil-, und das heißt: formsicher, sein Architekt ebensowenig. Der gute Geschmack ist arg ramponiert. Preußens größter Baumeister, Karl Friedrich Schinkel, einer der Lehrer von Carl Theodor Ottmer, darf bemüht werden: »Die Kunst ist überhaupt nichts, wenn sie nicht neu ist.«

Sie war in jenen Zeiten nicht neu. Sie war ein Aufguß von Stilarten, derer sich die Architekten als Schablone bedienten, wobei sie ihre eigenen Zutaten als Ausdruck des Individuellen feierten.

Die verwilderte Form – Architektur und Wilhelminismus

Die immer wieder angesprochene Selbstdarstellung des Bürgers – zu Krahes Zeiten Ausdruck individueller Leistung und des Erfolgs, und nur das – intendiert hundert Jahre später, also in den Zeiten der Kaiser-Wilhelm-Straße, etwas anderes: Hinwendung zu Kaiser und Reich, Identifikation mit Volk und Staat. Die individuelle Leistung wird verknüpft mit dem großen Ganzen, gilt fortan als quasi staatstragender Beitrag; sie wird ideologisiert. Der schon genannte Architekt Constantin Uhde, auch Stadtverordneter, hatte 1892 verkündet, daß der Bau der Kaiser-Wilhelm-Straße die Bürger der Stadt Braunschweig verpflichte, »der Idee zu folgen, welche man bei der ganzen Anlage gehabt hat. Es liegt schon in den Namen Kaiser-, Wilhelm-, Bismarck- und Moltkestraße, daß man an die glorreiche Zeit denkt, aus der die Namen stammen.« Oberbürgermeister Pockels zehn Jahre später bei der Enthüllung der – heute nicht mehr vorhandenen – Skulpturen auf der Okerbrücke: Die Anlage der herrlichen Kaiser-Wilhelm-Straße symbolisiere »das hehre Glück unserer festen Zugehörigkeit zu einem mächtigen Ganzen ... Die beste Gewähr für die Wohlfahrt des Reiches liegt in freudiger Unterordnung seiner Bevölkerung unter das erhabene Haupt der Nation« (Roloff, Seite 7).

Stellt sich die Frage, warum man das neue Gefühl – nun gerade nicht mehr von »stadtbürgerlicher Obligation« in Schach gehalten – nicht auch in neuen Formen auszudrücken verstand, sondern nur in Rückgriffen auf alte Traditionen. Klugheit hätte gebieten müssen, Maß zu halten. Aber die Klugheit versagte, Maßlosigkeit griff um sich, die Form verwilderte. Ein solcher ästhetischer Niedergang aber ist unfähig, Neues zu schaffen. Weil die Form sich aber den Forderungen der Zeit stellen muß, greift sie zurück aufs Bewährte; so baut man vorsichtshalber in allen historischen Stilen, und zwar zu gleicher Zeit, um nur ja nichts falsch zu machen: unter anderem italienische, deutsche und französische Renaissance; fürstliches, kirchliches und bürgerliches Barock und daneben alles, was das Mittelalter zu bieten hat. »Das alles wachte im Laufe dieser Jahrzehnte bald als wirkliches Vorbild, bald als Motivfundgrube, bald als belebende Anregung auf, wurde verstanden, mißverstanden oder aus Eifer karikiert und schließlich noch durchgesetzt oder wenigstens begleitet von Gebilden rein technischen Charakters aus Eisen...das ist der erste Eindruck, den man hat, wenn man auf das Gesamtbild der deutschen baulichen Leistungen von 1870 bis 1900 schaut. Eine Zersetzung der künstlerischen Vorstellungswelt« (Schumacher, Seite 70). Der zitierte Autor, Fritz Schumacher (1869–1947), war von 1909 an Baudirektor in Hamburg, hatte wesentlichen Anteil an der Neubelebung des Backsteinbaus in Norddeutschland, plädiert allerdings auch um Nachsicht für seine Architektenkollegen insofern, als sie und ihre Bauherren vor bislang nie dagewesenen Problemen standen, dem massenhaften Wohnungsbau nämlich, wofür sie noch kein Konzept entwickelt hatten. Die Kaiser-Wilhelm-Straße war aber nicht für die Unterbringung von Massen konzipiert, sondern Wohnquartier der »besseren Menschen«.

Apsis der Kreuzkirche in Alt-Lehndorf. Anfang des Jahrhunderts wurde die romanische Kirche umgebaut und der Innenraum neu gestaltet. Adolf Quensen, herzoglich-braunschweigischer Hof- und Dekorationsmaler, stattete ihn mit diesen Jugendstilmalereien aus, für die es in Braunschweig nichts Vergleichbares gibt. In Höhe der Fenster werden Lilien, Kornähren und Klatschmohn dargestellt, über ihnen wachsen Rebstöcke empor.

Typisches Dekor des Jugendstils, der als künstlerischer Protest gegen die historisierenden Stile des 19. Jahrhunderts entstanden ist. Die Betonung der Linie, häufig zu pflanzenhafter Ornamentik geformt, gehört zu seinen wesentlichen Merkmalen.

Blick in den Altarraum mit Apsis. Das Langschiff erstreckt sich in Nord-Süd-Richtung, der Altar befindet sich im Nordteil und nicht, wie üblich, im Osten. Die nach dem Zweiten Weltkrieg überstrichene Deckenmalerei wurde 1972 freigelegt und restauriert, später dann auch die Bemalung der Apsis, der Bögen und der Fensterlaibungen. Die Kanzel und der Radleuchter, die verschwunden beziehungsweise zerstört wurden, sollen durch Nachbauten ersetzt werden.

Wie eine Ironie mutet es an, daß die wilhelminische Prachtstraße heute nach Heinrich Jasper benannt ist, einem Sozialdemokraten, der sich noch zur Jahrhundertwende als »vaterlandsloser Geselle« fühlen durfte.

Worin liegt nun das Versagen der Klugheit? Sie hatte sich überrumpeln lassen von der Euphorie der Reichsgründung 1870/71; sie hatte sich nach den »herrlichen Zeiten« gesehnt, denen Kaiser Wilhelm II. das deutsche Volk entgegenzuführen gedachte; hatte sich dem künstlerischen Geschmack des »erhabenen Hauptes der Nation« unterworfen; hatte fahrlässigerweise geglaubt, in einem historischen Stil »die bewegenden Kräfte der Baukunst schlechthin am lebendigsten oder am natürlichsten wirken zu sehen: Man wollte nicht etwa eine fremde Sprache sprechen, sondern glaubte, die Sprache der Architektur wiedergefunden zu haben« (Schumacher). Und zwar eine besonders schöne, in der sich die Bauaufgaben auch besonders schön lösen lassen würden. Klugheit hätte wissen müssen: Das geht nicht, das ist unmöglich. So aber verrutschte das Maß und entgrenzte die Form.

Als wir im Frühjahr 1889 in das Haus Adolphstraße 54 zogen, war Willy noch so klein, daß er Mädchenkleider trug wie ich ... Das Haus war schön und geräumig, wir wohnten im Hochparterre, das mit einem Wirtschaftskeller, in dem die Küche lag, durch eine Treppe verbunden war. Der Garten zog sich bis zur Oker hinunter, an Sommernachmittagen tanzten Mückenschwärme, schossen Schwalben schreiend zwischen den buschigen Ufern hin und her. Jenseits, am Hang des Löwenwalls ... glühten ein paar mächtige Blutbuchen, und in den Nächten des Frühsommers sang dort – »flußüberwärts« – die Nachtigall.

Ina Seidel
(1885–1974)

Die erste Hälfte der Kaiser-Wilhelm-Straße entstand bis etwa 1900. Sie reicht bis zum Hagenring. Am auffälligsten ist in diesem Abschnitt eine Häuserzeile mit zurückgesetzter Straßenfront und Vorgärten: die sogenannten Bremer Häuser. Neoklassizistik und Neorenaissance von Constantin Uhde, gedacht für Hofbeamte, die ihre sogenannten Kavaliershäuser am Bohlweg räumen mußten. Aber sie verschmähten das Angebot. Die gut betuchten Bürger indessen fanden Geschmack an den Reihenhaus-Villen. Sie mieteten und kauften und genossen den Komfort, ihr Haus nicht mit anderen Mietparteien teilen zu müssen. Der Krieg zertrümmerte die Häuserreihe; sie wurde restauriert, wobei fast jede Etage zur selbständigen Wohnung hergerichtet wurde.

Die Till'schen Häuser, auf der Nord- und der Südseite der ehemaligen Kaiser-Wilhelm-Straße zwischen Steinbrecherstraße und Hagen-/Altewiekring gelegen, boten den ganzen Pomp wilhelminischen Barocks auf. Von der Südseite ist nurmehr ein abgenagter Komplex übriggeblieben, allen überbordenden Zierats entledigt; der Norden gibt sich nach wie vor geschwollen, allerdings ohne die Türmchengalerie auf den Dächern.

Um die Jahrhundertwende begann die Bebauung der Kaiser-Wilhelm-Straße östlich des Hagenrings; man verzichtet jetzt auf Pomp, mäßigt sich sichtlich bei den Anleihen früherer Stile und scheint statt dessen mehr auf Zweckmäßigkeit zu achten. Auch diese Häuser sind stilistisch nicht exakt einzuordnen – man hat von romantisierenden beziehungsweise biedermeierlichen Bauten gesprochen, auch ihre Mieter wollen repräsentieren, aber nicht mehr so dröhnen. Finanzielle Gründe mögen dabei eine Rolle gespielt haben, »denn die Situation der Bauherren und Großbürger war durchaus nicht mehr so günstig und die Stimmung nicht mehr so optimistisch wie zwanzig Jahre zuvor« (Roloff, Seite 88).

Die Paulikirche – Über die Nähe von Thron und Altar

Als krönenden Abschluß gönnen wir uns die Paulikirche. Sie macht eine wirklich gute Figur, stämmig und neugotisch, wie sie dasteht, beinahe einer Burg gleich. Der bekannte Ludwig Winter hat sie errichtet. Eine gute Figur nun nicht unbedingt wegen ihres Aussehens, sondern weil sie sich inmitten eines Platzes aufrichtet, umgeben von Bäumen, Häusern und Straßen. Das Ensemble gefällt dem Auge. Der Hintersinn freilich stimmt den Betrachter eher nachdenklich. Neben den Großbürger als staatstragendes Element, ausgewiesen durch seine Prachtstraße, tritt jetzt noch die Kirche; sie muß ihre staatstragende Funktion beileibe nicht mehr beweisen, aber sie nutzt dennoch jede Möglichkeit, sich in Szene zu setzen. Die evangelische Kirche, wie betont werden muß; sie konnte ihren Altar gar nicht eng genug an den Thron heranrücken. Der preußisch-deutsche Obrigkeitsstaat ist ohne sie gar nicht denkbar. Und ein markantes Beispiel bietet das Gotteshaus auf jenem Platz. Ein Haus nicht für die Beladenen, sondern für die Mächtigen, die Reichen; für die Stützen der wilhelminischen Gesellschaft; von staatstragenden Kräften gebaut für staatstragende Kräfte. Hier war man unter seinesgleichen, hierher verirrte sich kein Arbeiter aus der Karl- oder Marienstraße – »... die herrliche Paulikirche auf freiem Platz hoch aufragend in edler Schönheit wie eine Königin inmitten eines adligen Geschlechts«, so salbte Pastor Lagershausen bei der Weihe im Jahr 1906 den Bau (zitiert nach Roloff, Seite 98). Der Bürger als Edelmann – er zeigt sich einmal mehr.

Konzept Gartenstadt – Lebensqualität im Grünen

Der Bürger als kleiner Mann, als Proletarier, als unterprivilegiertes Mitglied der Gesellschaft – seine Möglichkeiten, sich zu artikulieren, stoßen hingegen an vielerlei Grenzen; sich bei der Klasse derer Gehör zu verschaffen, die sich in und um die Kaiser-Wilhelm-Straße selber feiern, ist nahezu unmöglich. Er benötigt Hilfe, muß sich in Parteien und Gewerkschaften organisieren; als Einzelwesen ist er vollkommen machtlos. Er wohnte um die Jahrhundertwende mehr als bescheiden: zwei bis drei Zimmer, kleine Küche, Toilette auf halber Treppe, Gemeinschaftsbad im Keller. Noch übler sah es in manchen Innenstadt-Quartieren aus, dem Klint, Nickelnkulk, der Weberstraße zum Beispiel; zu den Mitbewohnern gehörten Wanzen, Schaben und sonst allerlei Ungeziefer. Wem von hier aus der Umzug in die Vorstädte gelang, etwa in das sogenannte Morgenland mit der Marien- oder Nußbergstraße nebst ihren Dreizimmerwohnungen zum Beispiel, pries sich glücklich. Es war der Aufstieg aus dem »niedrigen Arbeiterstand«, wie sie damals sagten.

Der Unterprivilegierte ist auf Hilfe angewiesen, hatten wir gesagt, und dazu gehören auch neue Ideen, neue Leitbilder, die sich seiner Wohnsituation annehmen. Kurz vor der Jahrhundertwende wurde in England und Deutschland das Konzept einer »Gartenstadt« entwickelt. Es ging darum, das strukturlose Wachstum der Großstädte in die Feldflur hinaus zu steuern; es ging weiter darum, die Wohnquartiere von den Arbeitsbezirken zu trennen; es ging schlichtweg darum, Lebensqualität zu sichern beziehungsweise überhaupt erst herzustellen. Gartenstädte sollten planmäßig gestaltete Siedlungen, ein neuer Stadttypus sein, der eine durchgreifende Wohnungsreform ermöglicht. Grund und Boden sollten der Spekulation entzogen werden, ein großer Teil des Gebietes sollte dem Garten- und Ackerbau vorbehalten bleiben, und Handwerk und Industrie sollten vorteilhafte Produktionsbedingungen vorfinden (Kampffmeyer, Seite 10). Es ging um die »Stadt im Grünen«, um die »Vermählung von Stadt und Land«, aus der letztlich der Ruf nach dem Einfamilienhaus

Reine Luft und sauberes Wasser, Schutz vor dem schrillen Lärm der Menschen, weite Felder zum Reiten, Jagen, Bogenschießen und Herumwandern – das sind Vorzüge, welche die Aristokratie stets zu schätzen gewußt hat. Sie sind vielleicht auch verantwortlich für ihre körperliche Gesundheit und ihr Selbstvertrauen; darin unterscheiden sie sich von den Berufskrankheiten und Mißbildungen des spezialisierten städtischen Arbeitskulis, der allzulange an die Werkstatt, das Kontor oder die Bibliothek gefesselt war.

Lewis Mumford
(1896–1990)

Dieses für die NS-Zeit typische Gebäude beherbergt seit 1949 die Deutsche Müllerschule, die sich bis Kriegsende in Dippoldiswalde bei Dresden befand. Braunschweig bot sich wegen seiner Großmühlenbetriebe als neuer Standort an. Es ist die einzige Fachschule in Deutschland, die Müllerei- und Mühlenbautechniker ausbildet. Der Baukomplex an der Wolfenbütteler Straße entstand 1937/39 und diente zunächst als Akademie für Jugendführung der Hitlerjugend.

Siegfriedviertel, hier die Straßenüberbauungen am Burgundenplatz (Siegfriedstraße 22-27). Die Siedlung wurde in den zwanziger und dreißiger Jahren fertiggestellt und sollte dazu beitragen, den großen Bedarf an Wohnungen mit erschwinglichen Mieten zu verringern.

Welfenplatz, Zentrum der Südstadt, ursprünglich Siedlung Mascheroder Holz. Sie entstand ab 1935 und galt – neben Lehndorf – als Mustersiedlung. Hier wollte der NS-Staat seine Vorstellung von der Volksgemeinschaft verwirklichen. Oben das Gemeinschaftshaus mit Balkon; es diente als Versammlungsstätte. Links der Welfenplatz, rechtwinklig eingefaßt von einer Häuserzeile mit Ladengeschäften.

Im Mittelpunkt der Mustersiedlung Lehndorf das sogenannte Aufbauhaus mit dem Turm, in dem die Hitlerjugend zu Hause war. Heute befindet sich hier unter anderem eine Polizeidienststelle. Das Gebäude steht an einem Platz, der das Einkaufszentrum Lehndorfs bildet.

im Grünen abgeleitet wurde. Einmal mehr standen Stadtplaner und Architekten vor neuen Problemen, wie nämlich dieses menschenfreundliche Leitbild in die Praxis umzusetzen sei, denn eine solche Gartenstadt war im bisherigen Sinne weder Stadt noch Dorf.

Der Bedarf an Wohnraum wurde für Braunschweig nach dem Ersten Weltkrieg zu einem äußerst dringlichen Problem, und so führten die Überlegungen der Behörden zurück zu dem Konzept der Gartenstadtsiedlungen. Die Kernstadt sollte mit einem Kranz von »Neustädten, zum Teil durch Siedlungen erweiterten Dörfern, satellitenartig umgeben sein« (Plan zur Stadterweiterung, 1917). Wichtig seien die Abgrenzungen zur »Mutterstadt«, welchem Zweck Ackerland, Wiesen, Grünanlagen, Sportplätze und Schrebergärten dienten. Soweit die Idealvorstellungen. Braunschweig ist längst an die Siedlungen herangewachsen.

Das Siegfriedviertel – Experimentierfeld Siedlungsbau

Zu einem der – städtebauhistorisch – bedeutendsten Projekte wurde die Bebauung des Ärkeroder Feldes. Auf ihm entstand das Siegfriedviertel. Braunschweig kann mit keiner weiteren vergleichbaren Siedlung aufwarten. Dies um so weniger, seit der Bebelhof Mitte der fünfziger Jahre seinen Charakter einbüßte. Den »bau- und stadtbauhistorisch qualitätvollen Lösungen« müsse »auch unter dem Aspekt der Einmaligkeit im lokalen Rahmen eine besondere Rolle beigemessen« werden (Hartmann/Lemke, Seite 147).

1921 bis 1924 entstanden schlichte, eineinhalbgeschossige Ein- beziehungsweise Zweifamilienhäuser, getreu nach dem Gartenstadt-Konzept (Guntherstraße); in eben diesen Jahren errichtete man am Bienroder Weg schon zweieinhalbgeschossige Doppelhäuser. Fortan mußte man aber auf diese reichlich material- und bodenverbrauchende Bauweise verzichten; die Wohnungsnot in Braunschweig hatte sich spürbar verschärft. Es galt nun, mehr Menschen pro Fläche unterzubringen und dabei die Baukosten zu verringern. Von Mitte der zwanziger Jahre an dominierte die dreieinhalbgeschossige Straßenrandbebauung; von der offenen gartenstädtischen Siedlung hatte man sich gezwungenermaßen verabschiedet. Aus dem Einfamilienhaus wurde ein Vielparteien-Mietshaus. Dessen ansprechende, vielgestaltige Architektur prägt seither das Bild. Ein lokalpatriotisch gesonnener Zeitgenosse meinte damals, das Viertel sei geeignet, Schule zu machen, wenn nicht gar »zu einer Reform des Städtebaus überhaupt zu werden«, und daß man »auch außerhalb Braunschweigs auf diese Form der Lösung des Wohnungsbaus aufmerksam werde«, und »unsere Stadt darin anderen Städten voranmarschieren würde« (zitiert nach Hartmann/Lemke). Das war zwar reichlich übertrieben angesichts entsprechender Leistungen in Berlin, Hamburg und anderswo. Aber selbst wenn es so gekommen wäre, hätten die Nationalsozialisten weitere Schritte in diese Richtung unterbunden. Ihnen paßte diese Bauweise ganz und gar nicht. Ihnen war das alles zu internationalistisch und zu wenig deutsch. Sie holten also die alten Gartenstadtpläne wieder hervor und propagierten aufs neue den kleinteiligen Siedlungsbau, freilich unter gänzlich veränderten Vorzeichen: Sie forderten erstens »Rückgliederung des siedlungsfähigen Städters, direkt oder indirekt in das Bauerntum, über die Kleinsiedlung«, und

Die Adolfstraße schließt unmittelbar östlich an die Okerumflut an, für Freunde des Wassersports eine ausgezeichnete Lage. Was häufig nur in Vororten möglich ist, konnte in Braunschweig mitten in der Stadt geschehen: der Bau eines Bootshauses. Es ist ein stattlicher Bau, dessen Erdgeschoß eine Fachwerkkonstruktion aufsitzt.
Es scheint ein Gartenhaus über dem Wasser zu sein, eine Idylle abseits vom Lärm der Straße.

zweitens »die Verwurzelung des rassisch wertvollen, qualifizierten Arbeiters, durch Eigentum und Garten, mit dem Heimatboden«.

Die Siegfriedsiedlung erhielt nun wieder kleine Doppel- oder Reihenhäuser (nördliches Gebiet und Freyastraße), während fast gleichzeitig (1934/35) der Bau der Mustersiedlungen Lehndorf und Mascheroder Holz – heute Südstadt – in Angriff genommen wurde. Man setzte Eigenheime sowie Mietshäuser auf die Feldmark und wies, was aber nur für Lehndorf galt, Kleinsiedlerstellen aus. Die Anwärter auf jene – »politisch zuverlässig, erbgesund und rassisch geeignet« – hatten erhebliche Eigenleistungen zu erbringen. Als Zugabe erhielten sie eine Hacke, einen Spaten, fünf Hühner und fünf Obstbäume.

Zentrum beider Siedlungen ist ein geräumiger Platz – Lehndorf hatte einst einen solchen, er ist zugebaut mit Ladengeschäften; auf dem in der Südstadt parken Autos und halten Linienbusse. Wer von Braunschweig aus sich der Südstadt nähert, fährt auf eine Giebelwand aus Bruchsteinen zu und ahnt Schlimmes. Die Ahnung wird noch übertroffen, wenn der Wagen auf dem Platz geparkt ist und der Besucher das Gebäude, zu dem die Wand gehört, in Augenschein nimmt und die im Quadrat als Platzbegrenzung gebauten Reihenhäuser dazu. Derart mißglückte Proportionen von »Gemeinschaftshaus«, wie diese Erscheinung heißt, und umgebenden Häusern bekommt man nur selten zu Gesicht. Etwas Ähnliches steht auch in Lehndorf, nur nicht ganz so gewalttätig und weiß getüncht; aber eben auch unverkennbar den Herrschaftsanspruch der Partei ausdrückend.

Siedlungen wie diese hier sind langweilig. Öde Reihenhausketten; stets die gleichen Einzelhäuschen; stets die gleichen Mietshäuser; schnurgerade Straßen – alles billig gemacht, und so sieht es auch aus.

Stadt in Trümmern – Abschied und Aufbruch

Nach dem Zweiten Weltkrieg stand Braunschweig vor Aufgaben, wie es sie in seiner über tausendjährigen Geschichte noch nicht zu bewältigen hatte. Die Trümmerwüste mußte in eine Stadt zurückverwandelt werden. Daß sie nie wieder das altvertraute Bild bieten würde, war den Verantwortlichen nur zu bewußt. »Zwar wird man die verbliebenen Baudenkmäler sorgsam erhalten«, schrieb schon 1945 der spätere Stadtbaurat Johannes Goederitz, »aber die Gesamtaufgabe ist nur zu lösen, wenn man den Mut aufbringt, tief in Altgewohntes hineinzugreifen.«

Man griff hinein. Man hatte keine Alternative. Wobei außer Diskussion stand, daß der Grundriß der Stadt erhalten werden müsse. Braunschweig brauchte mit höchster Dringlichkeit Wohnungen. Nicht nur, daß die Braunschweiger selbst kaum mehr ein Dach über dem Kopf hatten, es drängten auch noch die Flüchtlinge und Vertriebenen aus dem Osten in die Stadt und wollten untergebracht sein. Versorgungseinrichtungen und Verkehrswege mußten wieder instand gesetzt werden, und nicht zuletzt galt es, dafür zu sorgen, daß Braunschweig wieder für Industrie, Gewerbe und Handel attraktiv wurde.

Die politischen Entwicklungen der Nachkriegszeit verliefen für Braunschweig höchst ungünstig. Hannover wurde Hauptstadt des neugeschaffenen Landes Niedersachsen, die Verwaltung wurde dort zentralisiert, und die Zonengrenze begann sich nachteilig auszuwirken, was heißt: Neugründungen von Industrie- und Wirtschaftsunternehmen blieben aus. »Die Bilanz der Kriegs- und Nachkriegsjahre war für den Wiederaufbau und den Gesamtaufbau der Stadt niederschmetternd genug ...«, sagt Stadtbaurat Willi Schütte, von 1953 bis 1965 im Amt (Schütte, Seite 10). Man plante neu, hatte dabei Entscheidungen heranreifen zu lassen, die – Schütte zitiert Demokrit –, »auf das Mögliche ihren Sinn richteten und mit dem Vorhandenen sich begnügten«. Das klingt bescheiden und einsichtig. Wir beschränken uns in diesem Rahmen auf zwei neuralgische Punkte, an denen sich, immer wieder, die Diskussion entzündet. Der erste betrifft das Bahnhofsviertel, der zweite den Bohlweg.

Der Bahnhof – Warten auf Zuwachs

Der alte Kopfbahnhof, »Pfahl im Fleische der Innenstadt« (Schütte), wurde durch einen Durchgangsbahnhof an anderer Stelle weiter östlich ersetzt. Den raschen Zugang zur Innenstadt stellt die Kurt-Schumacher-Straße sicher, die auf dem Kennedyplatz in einen Verkehrsverteiler mündet. Den Wallring hat man zu diesem Zweck zwischen Löwenwall und Windmühlenberg durchbrechen müssen, Ricarda Huch würde kaum dies Häufchen begrünten Erdreichs als ihren Windmühlenberg wiedererkennen. Der Kennedyplatz als Drehscheibe des Verkehrs mit den auf ihn zulaufenden breiten Straßen (Kurt-Schumacher-Straße, Wolfenbütteler Straße, Auguststraße, Augusttorwall) bietet sich aus der Vogelperspektive sehr eindrucksvoll dar. Es ist ein Bild großzügiger und leistungsfähiger Verkehrsführung und der richtige Weg vom Bahnhof zur Innenstadt, sei es mit dem Auto oder zu Fuß.

Keine Kommune ist so selbstvergessen und baut einfach aufs Geratewohl. Braunschweig rechnete fest damit, daß sich die Kernstadt ausdehnen werde in Richtung Bahnhof und sorgte für gute Verkehrsverbindungen. Was auch gelungen ist. Leider nur wuchs die Stadt nach Fertigstellung des Bahnhofs nicht wie erhofft. Ein bißchen tot wirkt das alles, und der Reisende, der den ausladenden Vorplatz betritt, schaut zunächst ratlos in die Gegend. Dann aber wird sein Blick gefangen von einem gewaltigen rötlichen Gebäude; in luftiger Höhe auf dem Dach eine Art Ziborium, welches das Posthorn auf gelbem Grund trägt, und als Spitze schließlich sticht ein Antennenmast in die Wolken. Das ist ein Bau, wie ihn die riesige, zerlaufende Fläche braucht: platzbeherrschend, selbstbewußt, geradlinig, vertrauenerweckend. Endlich hat hier jemand geklotzt und hat einen Maßstab gesetzt, nachdem andere bisher nur gekleckert haben; hat dem Grün von Viewegs Garten die Komplementärfarbe zugeordnet; läßt den Beton der Umgebung noch schmutzig-grauer erscheinen, als er es schon ist, und degradiert ihn.

Daher müssen wir uns jetzt die Stadt nicht in erster Linie als einen Ort vorstellen, wo man Geschäfte macht oder regiert, sondern als wichtiges Organ, das der neuen menschlichen Persönlichkeit Ausdruck verleiht und Geltung verschafft, der Persönlichkeit des »Menschen in der einen Welt«. Die alte Unterscheidung zwischen Mensch und Natur, Städter und Landmann, Grieche und Barbar, Mitbürger und Fremder läßt sich nicht mehr aufrechterhalten.

Lewis Mumford (1896–1990)

Der Bohlweg – heiss geliebt und arg geschmäht

Der Bohlweg. Er ist Teil der Nord-Süd-Achse, die durch die Innenstadt führt. Man hat ihn oft gescholten – warum eigentlich? Dem Gast fällt als erstes auf: Der Bohlweg lebt. Und das ist für eine Hauptverkehrsstraße allemal ein Gütesiegel. Er lebt durch die Passanten, die einkaufen oder aus den Fußgängerzonen nach dem Einkauf und sonstigen Besorgungen hier Bus oder Bahn

Der sogenannte Bracke-Hof an der Broitzemer Straße, ein Genossenschaftsbau, der um 1929 entstand. Namensgeber dieser Wohnhäuser ist Wilhelm Bracke (1842–1880). Er war Getreidehändler und einer der bedeutendsten Sozialdemokraten des 19. Jahrhunderts. Bracke gehörte 1869 zu den Mitbegründern der Sozialdemokratischen Arbeiterpartei in Eisenach und wurde ein Jahr später verhaftet, weil er gegen den Krieg mit Frankreich protestiert hatte. 1872 wurde er Mitglied der Braunschweiger Stadtverordnetenversammlung.

Der sogenannte Stahlhelm-Block, zwischen Hutten- und Reichenbergstraße gelegen, fällt insofern aus dem Rahmen genossenschaftlichen Wohnungsbaus, als er von dem rechtslastigen Wehrverband »Stahlhelm« errichtet wurde. Es ist ein Komplex mit drei Innenhöfen. Der mittlere Hof, ehedem eine Grünanlage mit Springbrunnen, wird heute als Parkplatz genutzt. Starke Akzente setzen die über zwei Geschosse ragenden, stark dekorierten Erker.

Haustür in der Virchow-straße. Eine Tür ist Nahtstelle zwischen Innen und Außen, zwischen Geschütztsein und Nicht-Geschütztsein. Dieser Eingang begrüßt den Besucher freundlich und verspricht ihm Geborgenheit.

Wohnhaus in der Virchowstraße. Die Braunschweiger Baugenossenschaft, die das Gebäude 1914 errichtet hat, legte Wert auf eine Architektur, die modernen Auffassungen entsprach, aber nicht avantgardistisch wirkte. Die Straßenfront ist streng symmetrisch gestaltet, der Baukörper sinnfällig in horizontale und vertikale Elemente gegliedert, bei denen besonders die schmalen Fensteröffnungen auffallen.

Zur Belebung der Fassade tragen die eigenwillig geformten Balkons und diese Reliefs mit allegorischen Darstellungen bei.

Zweiachsiger Mitteltrakt eines Hauses in der Virchowstraße. Er wird abgeschlossen durch ein Zwerchhaus mit geschweiftem Giebel, der die Geradlinigkeit der Front auflockert. Dazu trägt auch das Medaillon mit Ranken bei.

erreichen wollen; er lebt durch jene, die sich in die Schaufenster vertiefen; er lebt nicht zuletzt durch die jungen Leute, die an sonnigen Tagen aufgereiht wie die Sperlinge nebeneinander sitzen, Eis schlecken, Pommes essen, Cola trinken, miteinander schwatzen und die Vorbeieilenden freundlich taxieren. Die Geschäftszeile – sie ist kleinteilig, bunt und unprätentiös. Es ist ein Straßenabschnitt, der nicht nur durchschleust, sondern auch verweilen läßt.

Um- und Neubauten am Bohlweg haben eine lange Tradition. Schon vor dem Ersten Weltkrieg griffen die Stadtväter in seine Bausubstanz ein. Nach den erheblichen Zerstörungen des letzten Krieges gestalteten sie ihn vollends um. Er wurde zu einem respektablen Verkehrsweg für Autos und Straßenbahn ausgebaut, wenngleich seine Verlängerung als Stobenstraße in Richtung Aegidienmarkt nicht geglückt ist.

Die Verspätung der kulturellen Signale hat der Publizist Carl Amery einmal als wesentliches Merkmal der Provinz bezeichnet. Wir ergänzen mit Fontane: »Dilettanten übertreiben immer.« Es gibt kaum eine Stadt, in der sich keine Beispiele dafür finden lassen. Auch der Bohlweg hat seine wunden Punkte. Kritik entzündet sich bis auf den heutigen Tag an dem Horten-Bau, und zwar nicht an dem Bau allein, sondern im Zusammenhang mit der Georg-Eckert-Straße. Das Pro und Contra aufs neue auszubreiten, ist überflüssig; wir lassen es bewenden mit Fontanes bissiger Bemerkung.

Zwischen 1965 und 1975 entstand das Neue Rathaus, wahrlich keine architektonische Glanznummer, vielmehr »eine Provinzlösung, die schon heute (1973) von der Verwaltung im Ernst nicht mehr verteidigt wird« (Mersmann, Seite 3). Der Bohlweg ist mit diesem Bauwerk überfordert, auch wenn das Erdgeschoß als Ladenzeile dient. Altes und Neues gegeneinander zu setzen, kann sehr reizvoll sein; die Kontraste können sich gegenseitig steigern. Braunschweig bietet zwei gute Beispiele: den breit hingelagerten Bau der alten Technischen Hochschule und das dahinter aufragende Hochhaus sowie den Hochbau der Norddeutschen Landesbank, der über den alten Bahnhof wacht. Da herrscht kein Verdrängungswettbewerb, das ergänzt einander. Altes und Neues Rathaus aber? Die Vereinigung dieser Gegensätze überzeugt nicht.

Wenn von der Verspätung kultureller Signale die Rede war, so trifft dies mit größter Sicherheit auf einen Bau am Bohlweg nicht zu, das Flebbe-Haus. Die Versuchung ist groß zu sagen, dies Signal kam eher zu früh. Die Höhe der architektonischen Qualität hat man nicht halten können, jedenfalls nicht überall. 1951 ist dieses Geschäftshaus entstanden, entworfen von Friedrich Wilhelm Kraemer, gebaut in Aluminium und Glas. Zart sein Erscheinungsbild, aber solide gefügt; Leichtigkeit umgibt es, als sei diese selbstverständlich, und doch ruht es sicher auf Säulen. Zu keinem Augenblick beschleicht den Betrachter das unbehagliche Gefühl, das ihm etwa signalisiert: zu hoch, zu niedrig, zu kurz, zu lang und was dergleichen Subjektivismen mehr sein mögen – bei Flebbe stimmen die Proportionen, der Baumeister hat Maß und Form gewahrt. Ein Anblick, dessen wohltuende Wirkung freilich noch gesteigert werden könnte, wenn das Unternehmen wieder Vorhänge an den Fenstern anbrächte und die Lamellen entfernte. Auf alten Fotos sind sie noch zu sehen. Die horizontale und vertikale Fassadengliederung erhält durch den Faltenwurf der Vorhänge eine Struktur, die das Gebäude nur um so belebter wirken läßt. Ein variables Element tritt zum statischen – ein Kontrast, der sich aufs vortrefflichste ergänzt. Ergänzt hat. Mit den Lamellen ist in dieser Hinsicht nichts gewonnen.

Wo immer Braunschweigs Bürger wohnen, sie brauchen keine weiten Wege zurückzulegen, wenn sie der städtischen Hektik entfliehen wollen.
Die Parkanlagen und die Wälder nahe der Stadt sind leicht erreichbar.

Das Schloss – geblieben sind vier Kapitelle

Wenn wir sagten, daß auch der Bohlweg seine wunden Punkte habe, so muß vor allem von jener Entscheidung gesprochen werden, an deren Folgen die Straße und mit ihr ganz Braunschweig leiden wie an einer nur schlecht verheilten Wunde. Die Angelegenheit liegt mehr als dreißig Jahre zurück, kann aber noch immer die Gemüter in Wallung bringen. Es geht um das im Zweiten Weltkrieg zur Ruine zerbombte Residenzschloß, einen Bau von Carl Theodor Ottmer, den dieser in den dreißiger Jahren des 19. Jahrhunderts als Nachfolger des zerstörten Grauen Hofs errichtet hatte, und der 1960 abgebrochen wurde, weil ein Stadtratsbeschluß es so wollte. Geblieben sind vier Kapitelle, die das Bassin des Springbrunnens im Schloßpark schmücken. Es ist unnötig, das Für und Wider, Abriß oder nicht, erneut aufzurühren. Über dies aber müßte Einigkeit herrschen: Man vernichtet nicht wertvolles Kulturgut, nur weil sich sämtliche finanziellen Pläne zur Rettung der Ruine zerschlagen haben.

Ein Museum wirft keinen Rembrandt auf den Müll, nur weil das Gemälde einem Säureattentat zum Opfer gefallen ist. Es wird restauriert, sofern es sich überhaupt noch restaurieren läßt. Das sei ja auch viel preiswerter, als eine Schloßruine wieder aufzubauen? Gewiß ist es das. Aber darum geht es nicht. Es geht ums Prinzip. Die Dresdner beispielsweise haben mit viel List und hohem persönlichen Risiko verhindern können, daß ihr zerstörtes Schloß per Abrißbirne oder mit Sprengpulver weggefegt wurde, während anderwärts in der Ex-DDR die baulichen Kriegsreste – vor allem die der Hohenzollern – vom Erdboden verschwanden. Genosse Walter Ulbricht wollte es so, und seine Entourage klatschte Beifall.

Haben die Dresdner mehr Kulturbewußtsein bewiesen als die Braunschweiger? Eine unfaire Frage.

Das herzogliche Schloß, oder der sogenannte Graue Hof, ist ein hölzernes Gebäude von 2 Etagen. Ans Haupt-Gebäude stoßen zween Flügel in stumpfen Winkeln. Die untere Etage hat am ganzen Gebäude herum eine Bogenstellung, und an einigen Stellen des Gebäudes befinden sich Erker. Die obere Etage hat Wandpfeiler ionischer Ordnung. Der Garten hat gar nichts Merkwürdiges; er bestehet bloß aus graden Alleen.

Georg Heinrich Hollenberg (1782)

NORD L

NORD/LB

Auf Heller und Pfennig

Wir nähern uns von Westen auf der Autobahn und sehen sofort: Braunschweig ist eine Industrie- und Gewerbestadt. Soll man sagen, um welche Firmen es sich handelt? So eine Art ungeniertes product placement treiben wie im Fernsehen? Soll man die weltbekannte Pianoforte-Fabrik mit dem Doppelnamen, an deren langgestrecktem Flachbau man gerade vorbeifährt, nun auch nennen? Oder den Hersteller von Haushaltsgeräten, der mit einem M anfängt und mit einem e aufhört? Oder vorlesen, was oben auf einer modernen Architektur steht, die im Vorbeifahren wie ein größeres Wellblechhaus aussieht? Oder, nachdem man in die Abfahrt Braunschweig Nord eingekurvt ist, das bekannte schwedische Möbelhaus? Vielleicht auch die Spedition mit dem Slogan »Unser Standort heißt Braunschweig«? Nennen wir Roß und Reiter, fühlen andere sich benachteiligt, und das wollen wir nicht.

Vor dem Hochhaus der Norddeutschen Landesbank (Seite 132/133) steht der Kopfbau des alten Braunschweiger Bahnhofs. Carl Theodor Ottmer hatte ihn 1843/45 im spätklassizistischen Stil errichtet. Ein Vorgängerbau war bereits 1838 in Betrieb genommen worden. 1960 wurde ein neuer moderner Durchgangsbahnhof am Berliner Platz eröffnet, der die alte, im Krieg stark zerstörte Anlage ersetzte. Weit älter als der alte Bahnhof ist die älteste Vorgängerin der Nord LB: die von Herzog Karl I. im Jahr 1765 gegründete »Leihhausanstalt«. Die aus ihr hervorgegangene Braunschweigische Staatsbank erwarb das Gelände des alten Bahnhofs und machte den edlen Ottmer-Bau zum Direktionsgebäude.

Wir fahren die Hamburger Straße Richtung Zentrum. Passieren rechter Hand ein weltweit operierendes Unternehmen der Verpackungsindustrie (der Firmengründer hieß Johann Andreas Schmalbauch – kein sonderlich glücklicher Name, wenn man Konservendosen herstellt; »Schmalbach« wurde daraus, und das klingt schon besser). Währenddessen breitet sich links das Gelände eines wiederum weltweit bekannten Automobilproduzenten aus, dessen Stammhaus sich in Wolfsburg befindet. Wir bewegen uns in einem Fahrzeug anderer Herkunft durch die Lande. Damals aber, in unserer persönlichen Gründerzeit, als wir uns in das Vehikel mit dem Brezelfenster nach hinten hinaus und dem unsynchronisierten Getriebe setzten ..., was soll der Quatsch. Beenden wir das Spielchen, es wird lächerlich. Jeder weiß, daß es ein VW war; ein Käfer, dessen Keilriemen so gerne riß und für dessen Ersatz die liebe Beifahrerin einen Strumpf hergeben mußte.

Und damit das Elend ein Ende hat: Jene Klavierfabrik heißt Grotrian-Steinweg; mein Flügel aus jenem Haus kommt sich bei meinen Klavierkünsten zu Recht völlig unterfordert vor. Miele ist es, der die Haushaltsgeräte herstellt, und wie es der Zufall will, läuft in meiner Küche ein Geschirrspüler dieses Unternehmens. Nicht zuletzt sind es Ikea-Regale, auf denen Großteile meiner Bücher Platz finden.

Wir atmen auf, fahren am Eintrachtstadion – das waren noch Zeiten! – vorbei und sehen links den Komplex der Braunschweiger Zeitung. Folgt auf der anderen Straßenseite das Heizkraftwerk mit einem Schornsteinabschluß, bei dem wahrscheinlich die Kapitelle ägyptischer Tempelsäulen Pate gestanden haben. Die Ampel. Man wartet auf Grün und betrachtet vis-à-vis das häßliche Haus, an dessen Fassade für die Gelben Seiten und Wolters Bier geworben wird. Was uns nur noch beflügelt, der Innenstadt zuzueilen, wo wir uns in einem Restaurant zu Speis und Trank niederlassen und auf den Gesprächspartner warten. Das Restaurant schenkt selbstgebrautes Bier aus; ist mir auch recht; fangen wir schon einmal an.

»Schmeckt's?« fragt die Verabredung, die sich verspätet hat. Ohne Umschweife legt er los: »Die Wirtschaftslage im Bezirk der Industrie- und Handelskammer Braunschweig bewegt sich auf niedrigem Niveau. Der Konjunkturindikator für die Industrie, differenziert nach den einzelnen Branchengruppen, liegt noch weit im negativen Bereich«, zitiert er den Jahresbericht der Industrie- und Handelskammer Braunschweig.

»So etwas schreibe ich lieber nicht auf.«

»Eben. Deswegen erzähle ich es Ihnen ja. Mehr?«

Die Antwort wartet er gar nicht erst ab. »Die Beurteilung der momentanen Geschäftssituation fällt vom Grundstoff- und Produktionsgütersektor bis zum Nahrungs- und Genußmittelbereich nicht berauschend aus, das heißt, der Saldo aus den positiven und negativen Antworten ist nach wie vor negativ. Weiter?«

Er will meine Schmerzgrenze testen.

»Unserer Einschätzung nach ist das Konjunkturtal noch nicht durchschritten, sagt die IHK«, fügt er wie entschuldigend hinzu.

»Das galt für das vergangene Jahr«, gebe ich vorsichtig zu bedenken. »Inzwischen hat sich einiges geändert, beim Export vor allem.«

»Noch einen Blick auf den Arbeitsmarkt. Ein paar Zahlen vielleicht?«

»Nein danke.«

Pause.

Ich brauche dringend einen Magenbitter.

»Das kommt davon. Vom üppigen Mittagsmahl.«

»Darf ich Ihnen auch einen bestellen?«

»Gern. Aber nur, wenn er ›Jägermeister‹ heißt.«

»Das ist doch ein Kräuterlikör und kein Magenbitter.«

»Macht nichts. Dafür stammt er aus Wolfenbüttel, hier gleich um die Ecke. Stärkt nicht nur den Magen, sondern auch die Wirtschaftskraft der Region.«

»Also dann.«

»Die Jungs von Eintracht damals – wissen Sie noch?«

»So ungefähr. Alle Jägermeister-Fans.«

»Also, ich trinke Jägermeister ...«, beginnt er nach dem guten Schluck ...

»... weil ich Puschkin lieber lese.«

»Das ehrt Sie, mein Lieber, aber Sie sollten auch ihn trinken. Rauchen Sie?«

»Nicht mehr.«

»Fangen Sie wieder an. In Helmstedt produziert einer Zigarren.«

»Haben Sie nichts Positives zu vermelden?«

Nachdenkliches Schweigen.

»Wissen Sie«, hebt er an, »daß die Region Braunschweig, gemessen an der Zahl der industriellen Arbeitsplätze, in Norddeutschland den zweiten Rang nach Hamburg einnimmt?«

»Das ist doch was.«

»Automobilbau, Stahlerzeugung, Maschinenbau und Anlagenbau, das sind die tragenden Säulen.«

»Immer noch.«

»Ja. Aber hinzugekommen ist eine Vielzahl hochqualifizierter Arbeitsplätze in der Mikroelektronik, Feinmechanik und Biotechnologie.«

»Hört sich gut an.«

»Nicht wahr? Nach dem Automobilbau besetzt schon die Mikroelektronik Platz Zwei; liegt noch vor dem Maschinen- und Anlagenbau. Und außerdem: In den vergangenen Jahren hat sich hierzulande ein Strukturwandel vollzogen. Braunschweig hat sich von einem Industriezentrum zu einem Dienstleistungsstandort entwickelt.«

»Herr Ober, einen Kaffee!«

»Hoffentlich ist der von Heimbs. – Heinrich der Löwe.«

»Bitte?«

»Heinrich der Löwe. In jeder Verlautbarung über Braunschweig muß mindestens einmal Heinrich der Löwe auftauchen. Der Griff in die Geschichte. Das mögen Sie doch.- Bedienung! Trinken Sie gern Roten?«

»Also dann.«

Von Brügge bis Nowgorod – Der Aufstieg der Hanse

Sachsens Herzog Heinrich der Löwe gründet Lübeck 1159 neu, nachdem es schon zuvor gegründet worden war, aber wenig Erfolg hatte. Den in planvoller Ordnung angelegten Ort stattet er mit Handelsprivilegien aus und läßt Siedler im Westfälischen und in den Rheinlanden anwerben. Das junge Gemeinwesen beginnt zu florieren, Lübecks Händler sind bald auf Gotland zu finden, dann in Nowgorod und anderswo im Osten. Sie orientieren sich auch Richtung Westen, wo die flandrischen Märkte und die Londons locken, und sie schlagen ihre Buden in Dänemark, Schweden und Norwegen auf.

Es gelingt ihnen, Ost, West und Nord per Handelsverbindungen zu verknüpfen, vor allem die Seewege zu erschließen. Kogge und Holk besorgen den Warentransport.

Braunschweig, Residenz des tatkräftigen Herzogs und gleichfalls mit Handelsvorrechten ausgestattet, nimmt selbstverständlich an dem Warenverkehr teil. Zunächst war es unter Kaufleuten üblich, gemeinsam zu einem bestimmten Handelsort zu reisen, also eine Fahrtgenossenschaft zu bilden. Eine solche wird als »Hanse« bezeichnet, ein anderes Wort für Schar oder Gemeinschaft. Um die Mitte des 14. Jahrhunderts geht die Zeit der Kaufmannshanse zu Ende. Die Niederlassungen der Händler in Brügge, Nowgorod, Bergen und London geraten unter die Vorherrschaft der Städte, allen voran Lübeck. Die Städte, auf dem Wege zur politischen Selbständigkeit, sehen sich jetzt als Vertreter wirtschaftlicher Interessen an, machen den Schutz ihrer Kaufleute im Ausland zu ihrer Aufgabe, handeln mit ausländischen Herrschern Privilegien aus und treffen sich zu gemeinsamen Beratungen, den Hansetagen – die sogenannte Städtehanse ist entstanden. Braunschweig ist an allen wichtigen Entscheidungen beteiligt. Entscheidende Voraussetzungen freilich für die rasante Entwicklung waren die binnenländischen Verkehrswege, von denen Braunschweig besonders profitierte.

Ein Überblick über die Waren, mit denen Braunschweigs Kaufleute handelten: Import – englische Wolle, die der einheimischen beigegeben wurde, um die Qualität der Tuche zu verbessern; hochwertige Tuche aus Flandern, später

Als »Wasserkünste« bezeichnete man die Speicher und Pumpwerke, die der Braunschweiger Wasserversorgung dienten, und dieser Name verweist schon auf die enge Verbindung von Technik und Architektur. Der 1901 nach Plänen von Ludwig Winter und Max Osterloh auf dem Giersberg erbaute, voluminöse, knapp 59 Meter hohe, mit den Schmuckelementen der damaligen Industrie-Architektur versehene Turm diente bis 1988 als Wasserspeicher.

Der Aufgabe, Parkplätze anzubieten, dienen die Parketagen, die Karstadt, seit über hundert Jahren in Braunschweig ansässig, seinem Stammhaus in der Schuhstraße aufsetzte. Die spindelförmige Auffahrt vereinigt Ästhetik mit kühler Zweckarchitektur.

England; Seidentücher, -bänder und Spitzen aus den Mittelmeerländern, die in Flandern und den Niederlanden umgeschlagen wurden; Südfrüchte (Orangen, Mandeln, Feigen, Datteln, Rosinen); Farbstoffe, Parfümerien, Gewürze, die ebenfalls aus der Mittelmeerregion beziehungsweise dem Vorderen Orient kamen.

Der Osten und Norden lieferte Fisch, getrocknet oder gepökelt; Felle (Fuchs, Marder, Feh, Iltis); Häute, Asche (für die Gerberei), Honig; Kupfer kam aus Schweden.

Braunschweigs Exportgüter wurden im Umland erzeugt oder waren Produkte des städtischen Gewerbes: minderwertige niedersächsische Wolle, welche den Produkten Flanderns und Englands beigegeben wurde, damit die Produktionskosten sinken konnten; Flachs, Eisen- und Messingwaren für Küche, Haus, Landwirtschaft; Waffen – Braunschweig war berühmt für seine Qualitätsprodukte auf diesem Gebiet; Leder, schließlich Bier.

Unmerklich beginnt der Niedergang. Zunehmend schwieriger wird es, sich Handelsvorrechte verlängern zu lassen. In Deutschland erstarken die territorialen Machthaber und versuchen, ihre mehr oder weniger selbständig gewordenen Städte wieder unter das landesherrliche Joch zu zwingen. Auch die Konkurrenz der süddeutschen Kaufleute macht sich jetzt bemerkbar. Die Hanse aber reagiert hilflos. Mehr als schikanöse Vorschriften und kleinliche Maßnahmen fallen den Städten nicht ein. Die Hanse zerbröselt.

Der Transito- u. Speditions-Handel in Braunschweig von und nach allen deutschen Provinzen ist sehr beträchtlich, und giebt einer Menge Kaufmannshäuser jährlich sehr ansehnlichen Verdienst. Der Hof soll allein im Durchschlage des Jahres gegen 200 000 Thaler davon einnehmen, weil die sämmtlichen ein- und durchgehenden Waaren auf dem Packhofe niedergelegt und verzollt werden.

Johann Hermann Stöver (1789)

Man sträubt sich gegen den Niedergang, es ist vergebens. Für eine wirkungsvolle Erneuerung der Gemeinschaft ist es zu spät. Ein allerletzter Hansetag wird 1669 von Lübeck ausgerichtet. Die Abgesandten von neun Städten treffen sich an der Trave, Braunschweigs Vertreter sind unter ihnen. Man geht ohne greifbares Ergebnis auseinander. Übrig bleibt der Dreierbund Lübeck-Hamburg-Bremen; nicht als Fortsetzung der Hanse, sondern als Nachlaßverwalter. Zwei Jahre danach verliert Braunschweig seine de-facto-Unabhängigkeit. Die vereinigten Welfenherzöge erobern die Stadt. Braunschweigs Wirtschaft liegt am Boden.

»Da haben Sie es. Alles schon einmal dagewesen. Aber vorhin wollten Sie die Fakten unterschlagen.«

»Schweig du, finsterer unberauschter Richter. Ich trinke Wein und bin ein Dichter. – Lessing.«

»Etwas Kulturelles.«

»Kann man sagen. Üppig hatte der's auch nicht.«

»Fahren Sie fort.«

»Also dann.«

Manufakturen und Messen – Die Herzöge fördern die Wirtschaft

Die Herzöge versuchten, die Wirtschaft wieder aufzupäppeln, schließlich lebten auch sie von ihr. »Merkantilismus« hieß das Zauberwort, es war eine Art staatsgelenkte Wirtschaft. Heftig wehren sich die Messestädte Frankfurt am Main und Leipzig, als die herzoglich-braunschweigische Regierung 1681, also zehn Jahre nach der Eroberung der Stadt, eine Warenmesse einrichtet. Die Messen wurden ein großer Erfolg. Sie fanden regelmäßig im Februar und August eines Jahres statt und dauerten jeweils 18 Tage. Um 1716 besuchten etwa 5000 Fremde die Messe. Die Zahl der Besucher aus der näheren Umge-

In vielen Konzertsälen der Welt stehen die Flügel der Firmen Schimmel und Grotrian-Steinweg; letztere (oben) produziert in Braunschweig seit der Mitte des 19. Jahrhunderts. Spitzenprodukte anderer Art sind die Atlanten des 1838 mit einer herzoglichen »Concession« gegründeten Georg Westermann Verlages.

Die frühe Einrichtung von »Wasserkünsten« geschah auch im Interesse der Bierbrauer, die auf Wasser angewiesen waren. Die größten Brauereien der Stadt sind Wolters, seit 1627 ansässig, und die Firma Feldschlößchen (rechts der Gärkeller), die ihren Namen von dem nahe gelegenen Schloß Richmond entliehen hat.

Vorbei die Zeiten, in denen man schlicht von Reklame sprach. Werbung kümmert sich heute um Verbraucherinformation und Markttransparenz und ist zu einem wichtigen absatzpolitischen Instrument der Wirtschaft geworden. Effektive Werbung schätzt, natürlich, ein modernes Ambiente.

Braunschweigs Wirtschaft ist im Wandel. Mancher alte, traditionsreiche Betrieb wird abgelöst durch dynamische, auf Innovation setzende Firmen. Die Mikroelektronik zum Beispiel und ihr weites Umfeld haben einen besonderen Stellenwert. Im Norden der Stadt hat sich Miro, ein Marktführer für Graphiksysteme, mit nüchterner, zweckbestimmter Architektur niedergelassen.

Schon im Mittelalter war Braunschweig, auch dank seiner Lage an der Oker, ein bedeutender Stapel- und Umschlagplatz. Heute verbindet der ausgebaute Hafen die Stadt über den Mittellandkanal und den Elbe-Seitenkanal mit dem europäischen Wasserstraßennetz.
Großbauten wie das Domizil der Öffentlichen Versicherung, versammeln sich in der Theodor-Heuss-Straße, parallel zu Oker, Bürgerpark und Messegelände.

bung wurde auf 8000 bis 10 000 geschätzt. Der Umsatz war beträchtlich, pro Messe wurden etwa zwei Millionen Taler umgesetzt und etwa 12 000 Taler an Zoll eingenommen, 6000 Taler an Mieten für Stände und Plätze.

Herzog Karl I. veranlaßte die Fürstenberger Porzellanmanufaktur, sich in Braunschweig niederzulassen. Fayencemanufakturen entstanden, und Stobwasser eröffnete eine Lackwarenfabrik in der Echternstraße. Daneben nahmen im 18. Jahrhundert Zichorienfabriken ihre Produktion auf; die geröstete Wurzel der Zichorie wurde zu Ersatz und als Zusatz zum Kaffee weiterverarbeitet; Tuchfabriken entstanden; die Leihhausanstalt richtete der Herzog als Kreditinstitut ein, die Vorläuferin der heutigen Norddeutschen Landesbank.

Das Handwerk aber stand innerhalb des Produktionsgewerbes noch zu Beginn des 19. Jahrhunderts im Vordergrund. Fast ein Drittel der Gesamtbevölkerung gehörte um 1800 zu den Handwerkern. Die Manufakturen waren meist recht klein. Die Zichorienfabriken beschäftigten um 1810 im Durchschnitt zwischen drei und fünfzehn Mitarbeiter, in den Woll- und Zeugmanufakturen waren es zwischen fünf und siebzig Arbeiter. Stobwasser freilich hatte schon 1790 achtzig Arbeiter in Lohn und Brot. Von weit größerer wirtschaftlicher Bedeutung war zu dieser Zeit der Handel. Hauptausfuhrprodukte waren Wolle, Garn, Zichorien, Wurst, Instrumente, Klempner- und Tischlerarbeiten sowie Weizen.

»Wie dröge.«

»Wirtschaft ist nüchtern.«

Die Eisenbahn – 1838 wurde die erste Staatseisenbahn Deutschlands zwischen Braunschweig und Wolfenbüttel eröffnet – hätte einen wirtschaftlichen Schub bringen sollen. Das war aber nicht der Fall. Man hatte sie am Bedarf vorbeigeplant und dies deswegen, weil Braunschweig sich mit Preußen und Hannover nicht über eine gemeinsame Verkehrsplanung einig wurde. Braunschweig geriet ins Abseits. Die Hauptverkehrslinien liefen jetzt an Stadt und Land vorbei. Eisenbahnknotenpunkt wurde Hannover. Im Herzogtum Braunschweig wurde zwischen 1870 und der Jahrhundertwende zusätzlich eine Reihe von Privatbahnen gebaut, die aber nur lokale Bedeutung hatten.

Braunschweig hatte schon 1838 eine staatliche Eisenbahnwerkstätte gegründet, 1853 entstand eine private Maschinenfabrik, die spätere Braunschweigische Maschinenbauanstalt. In der Folge wurden eine Eisenbahnwagen-Bauanstalt, vor allem aber ein zukunftsweisendes Unternehmen des Signalbaus ins Leben gerufen: die Firma Max Jüdel & Co., die in den zwanziger Jahren von Siemens übernommen wurde. Heinrich Büssing, technischer Leiter bei Jüdel, gründete 1899 ein eigenes Unternehmen für Eisenbahnbedarf. Zahlreiche andere Unternehmen etablierten in Braunschweig ihre Kontore und Fabrikationsstätten. Wir wollen sie nicht alle auflisten, das wäre denn doch zuviel. Einige mögen stellvertretend für das Ganze stehen.

Friedrich Wilhelm Voigtländer. Voigtländer verlegte 1849 einen Teil seiner feinmechanischen und optischen Fabrikation von Wien nach Braunschweig. Er war mit einer Braunschweigerin verheiratet; die Frau Gemahlin zog es wohl zu ihrer Familie zurück. Voigtländer stellte »Daguerreotyp-Instrumente« her, also die Vorläufer der heutigen Fotoapparate, und bestückte sie mit errechneten Linsen, seinerzeit eine Novität. Joseph Petzval, Wiener Mathematikprofessor, hatte Pionierarbeit geleistet, was diese Berechnungen anbelangte, und zehn rechenkundige Artilleristen hatten ihm dabei geholfen. Die Linsen konnten

Einkaufsparadies oder Konsumtempel sind die gängigen Bezeichnungen für die Agglomeration des Einzelhandels und kleiner Ladenketten unter einem Dach; Treffpunkt, Aktionsplatz, ein Ort, an dem man den halben Tag verbringen könnte. Darin unterscheidet sich der City-Point, zwischen Burgplatz und Altstadtmarkt gelegen, nicht von seinen Gefährten in anderen Städten. Und doch: der gläserne Fahrstuhl im glasgedeckten Innenhof ist ein architektonisch-konstruktiver Leckerbissen.

Treffpunkt
CITY POINT
Treffpunkt
CITY POINT
Salzmanns
großer
Buchmarkt
31.01. - 05.02.
»Die bunte
HUBER

jetzt sehr viel lichtstärker ausgelegt werden, die Belichtungszeiten wurden dadurch erheblich verkürzt. Braunschweigs Fotoindustrie erhielt 1920 einen neuen Schub, als die Herren Franke und Heidecke ihre gleichnamige Firma gründeten – die erst 1960 den neuen Namen Rollei-Werke erhielt – und mit den ersten zweiäugigen Spiegelreflexkameras weltberühmt wurden. Von den beiden glorreichen Namen hat sich nur noch Rollei – als »Rollei Fototechnic« – erhalten; unter dem Namen »Voigtländer« wird in Braunschweig nichts mehr hergestellt.

Klavierbauer Steinweg siedelte sich in Braunschweig an; Grotrian trat in das Unternehmen ein, das fortan Grotrian-Steinweg hieß; Steinweg trat später aus, um die väterliche Firma in New York zu übernehmen. Es war die Zeit, in welcher das Fräulein Tochter Salonstücke am Pianoforte in der Beletage des gehobenen Bürgertums zu Gehör brachte. Ohne Klavier war die Ausstattung der Wohnung nicht komplett, für den Absatz der Instrumente war also gesorgt. Vor der Jahrhundertwende versuchte das Haus Grotrian-Steinweg, Braunschweigs künstlerisches Niveau zu heben, indem es beispielsweise Clara Schumann, Hofkapellmeister Franz Abt, den Geiger Pablo de Sarasate und Richard Strauss bat, in die Tasten beziehungsweise zum Bogen zu greifen. Ende der zwanziger Jahre zog die Firma Schimmel neue Saiten an der Oker auf, auch ihre Instrumente reüssierten. Grimme, Natalis u. Co. fertigten zuerst Näh-, dann Rechenmaschinen. Franz Trinks, Ingenieur und Betriebsdirektor des Unternehmens, hatte die Kurbelrechenmaschine (»Brunsviga«) erfunden und avancierte zum Gesellschafter der Firma. Wir wollen es hierbei bewenden lassen.

»Kennen Sie Sir John Franklin?«

»Muß ich das?«

»Sollten Sie. Franklin hatte von 1845 bis 1847 nach der Nordwestpassage gesucht. Vergeblich. Er starb, seine Mannschaft starb. Alle zugrundegegangen an Hunger, Kälte und Blei. Bleivergiftung. Blei aus den Lötstellen der Konservendosen.«

»Mit Schmalbach wäre das nicht passiert.«

»Eine unpassende Bemerkung.«

»Hierzulande wußte man seit dem späten Mittelalter, in welchem Verhältnis man Zinn und Blei mischt, um das Gesundheitsrisiko möglichst klein zu halten. Es waren die ›Nürnberger‹ und ›Cölnische Probe‹, welche die Zinn/Bleianteile von zehn zu eins beziehungsweise sechs zu eins festlegten. Damit ließ sich gut löten.«

»Vielleicht hat die britische Admiralität, die ja für die Ausrüstung Franklins zuständig war, es nicht gewußt. Oder dem Konservenhersteller nicht genau genug auf die Finger geschaut. Je mehr Blei, je billiger das Lot. Wie auch immer.«

Zuckerrüben und Mikrochips – Die Industrie im Strukturwandel

Braunschweigs Konservenindustrie hatte in dieser Hinsicht wohl nie Ärger. Dieser Wirtschaftszweig hat, neben der Zuckerindustrie, Braunschweigs Aufstieg zur Industriestadt wesentlich gefördert. Zunächst stellten die Konservenproduzenten ihre Dosen selber her oder bezogen sie vom Gewerbe. Schon bald aber entstanden Werke, die Dosen industriell fertigten – Schmalbach war einer von ihnen – und die dazu benötigten Maschinen von gleichfalls neu errichteten Unternehmen bezogen. Letztendlich war es der Erste Weltkrieg, der Dosengemüse, Dosenfleisch und Dosensuppe zum Massenprodukt werden ließ, dies auch, weil die Armee haltbare Lebensmittel benötigte. Massenprodukt ist es auch heute noch, doch Braunschweig hat kaum mehr Anteil daran. Standortnachteile, bedingt durch die ehemalige Zonengrenze, und die Konkurrenz innerhalb der Europäischen Gemeinschaft, heute Europäische Union, dürften für den Niedergang verantwortlich sein.

Die Rüstung des NS-Staats kurbelte auch Braunschweigs Wirtschaft gewaltig an. Das Hütten- und Stahlwerk Salzgitter produzierte auf Hochtouren; so taten es alle, die irgendwo zwischen Flensburg und dem Bodensee Flugzeuge, Geschütze, Panzer, Militärfahrzeuge, optische Geräte und sonstiges Gerät herstellten, das für die Aufrüstung benötigt wurde.

Um so tiefer war dann der Fall nach Kriegsende. Die Fabriken lagen in Trümmern, was noch stand, fiel der Demontage zum Opfer.

Selbstverständlich hatte Braunschweig Anteil am wirtschaftlichen Wiederaufstieg der Bundesrepublik, dem sogenannten Wirtschaftswunder, aber es tat sich doch erheblich schwerer als andere Regionen. Bis Anfang der sechziger Jahre erkannte man dies nicht so genau, es wurde überdeckt von den insgesamt denn doch sehr beeindruckenden Zuwachsraten der Wirtschaft. Man bemerkte deshalb auch nicht so recht, daß die Motoren des Wirtschaftsantriebs, die Chemie und die Elektrotechnik, in Braunschweig fast gänzlich fehlten. Im siebten Jahrzehnt aber wurden erste Krisensignale in Braunschweig wahrgenommen. Das Arbeitsplatzangebot war leicht rückläufig, und der Abstand zur bundesweiten Entwicklung wuchs. Es schien sich um eine Phase der Strukturanpassung zu handeln, und fast alle Unternehmen überlebten diese krisenhaften Entwicklungen; daß es sich um den Beginn eines Niedergangs handelte, war noch nicht deutlich zu erkennen. Wer auch wollte in jenem Jahrzehnt glauben, daß hochspezialisierte und weltmarkterfahrene Unternehmen wie zum Beispiel Voigtländer, Rollei, Brunsviga/Olympia in Konkurs gehen würden. Aber sie wurden dann doch ein Opfer der ausländischen, vor allem der japanischen Konkurrenz. Das endgültige Aus konnten sie zum Teil nur verhindern, indem sie sich an Unternehmen außerhalb Braunschweigs anlehnten und ihre Kapazität verringerten.

Die Talfahrt begann erst so richtig um 1970 und dauerte bis Mitte der achtziger Jahre. Einige der bedeutendsten Namen verschwanden, die Konservenindustrie blieb praktisch gänzlich auf der Strecke. Die Unternehmen, die überlebten, mußten erheblich Arbeitsplätze abbauen. Braunschweig verlor bis Mitte der achtziger Jahre ein Drittel der industriellen Arbeitsplätze. Neuansiedlungen der Computerindustrie konnten diesen Verlust auch nicht annähernd ausgleichen.

»Niedergang, Strukturwandel, Modernisierung der Wirtschaft, Industriekonjunktur auf niedrigem Niveau – aber ›im Tale grünet Hoffnungsglück‹ – Goethe.«

»Schon wieder Kultur.«

»Oker-Valley und die Wirtschaft. Kultur, das ist ein anderes Kapitel.«

VFW 614
-ADAM
WIEDEMANN

Prüfstand für schöpferisches Potential

Die Deutsche Forschungsanstalt für Luft- und Raumfahrt (DLR) unterhält mehrere Flugzeuge und Hubschrauber für die Forschung, darunter auch diesen, ATTAS genannten zweistrahligen Jet (Seite 146/147). Auffällig sind die beiden auf die Tragflächen gestellten Triebwerke. Das Flugzeug, eine VFW 614, dient der Erprobung neuer Verfahren der Flugführung, es soll Verfahren testen, aerodynamische Belastungen zu mindern, und es wird vor allem als »fliegender Simulator« für andere existierende oder auch nur hypothetische Flugzeuge eingesetzt.

Ausgenommen den irren Filmprofessor mit den stechenden Augen, gibt es keinen Wissenschaftler, der nicht – pathetisch ausgedrückt – zum Wohl der Menschheit forscht. Sie wollen letztlich immer noch erkennen, was die Welt im Innersten zusammenhält, freilich nicht mehr nach Art von Goethes Faust, sondern nüchtern und sachlich. In Braunschweig, wo bekanntlich die Forschung zu Hause ist, tun sie es konzentriert auf den Gebieten Informatik, Mikroelektronik, Computertechnik, Physikalische Technologie, Biotechnologie, Luft- und Raumfahrt, Technik, Umwelttechnik und Verkehrstechnologie. Sie tun es in zahlreichen Instituten und Institutionen, von denen die Technische Universität mit ihren Einrichtungen noch immer den Kern bildet. Und sie tun es häufig mit Blick auf die praktische Anwendbarkeit, was im Interesse der Allgemeinheit ist, und so läßt sie es sich etwas kosten, um den Weg zwischen Labor und Fabrik zu ebnen. Dies selbstverständlich in der Hoffnung, daß möglichst viel von dem Geld per Steuern zurückfließt.

Nun möchte der Mensch gern wissen, was denn alles zu seinem Wohl geschieht und mit welcher Begründung. Es sind seine Steuergelder, die dafür verwendet werden: in der Grundlagen- und der praxisorientierten Forschung sowie bei der direkten wirtschaftlichen Umsetzung für den Markt, das heißt, bei der Firmengründung.

Wenn man schon dafür sorgt, daß die Wirtschaft an den Forschungsergebnissen partizipieren kann, dann ist es nur konsequent, sie auch insoweit zu fördern, als man Starthilfen für junge dynamische Unternehmer bereitstellt; das ist, wenn man so will, eine Folge des Strukturwandels. Hochqualifizierte Fachleute aus allen Forschungseinrichtungen, ob Technische Universität, Bundesanstalten oder auch Wirtschaftsunternehmen, können auf diese Weise erproben, ob sie zum Unternehmer taugen oder nicht. Sofern sie mit Produkten aus der Mikroelektronik, Biotechnologie, Umwelttechnik, Meß- und Regeltechnik aufwarten können. Sie haben die Möglichkeit, sich fürs erste in Braunschweigs Technologiepark niederzulassen; Clausthal-Zellerfeld und Peine verfügen über eigene entsprechende Einrichtungen. Das heißt im Klartext: Sie mieten Räume »zu akzeptablen Bedingungen«, wie es heißt, können sich zentraler Serviceeinrichtungen bedienen wie Sekretariat, Telekommunikation und zum Teil auch Buchführungsdienst, und ziehen in der Regel nach fünf Jahren wieder aus. Dann sind sie entweder Unternehmer geworden oder haben ihre Pläne aufgeben müssen.

Die öffentliche Hand war auch beteiligt an der Gründung des Instituts für Angewandte Mikroelektronik (IAM). Die mittelständische Industrie wünschte

Gemeinsam mit den Niederlanden betreibt die DLR diesen Windkanal. Er wird für Strömungsmessungen an Flugmodellen oder Flugzeugbauteilen benötigt. Nicht zuletzt hängt es von den Untersuchungen ab, ob Konstruktionen modifiziert werden müssen. Die Anlage dient aber auch Versuchen zur Flugakustik. Propeller und Rotorblätter zum Beispiel verursachen normalerweise einen nicht unbeträchtlichen Lärm. Herauszufinden, wie dieser gemindert werden kann, gehört zum Arbeitsbereich der Techniker und Ingenieure.

eine neutrale Einrichtung, die es den Unternehmen erleichtern sollte, Mikroelektronik für ihre vielfältigen Aufgaben zu nutzen. Der Staat half beim Start, die Industrie unterhält seither das IAM.

Gänzlich finanziert von öffentlichem Geld wird die Gesellschaft für Biotechnologische Forschung (GBF), die sich der Grundlagenforschung und produktbezogener Entwicklung widmet. Biologie, Chemie und Ingenieurwissenschaften werden hier zusammengebunden. Diese Gesellschaft und das Biozentrum der Technischen Universität haben Braunschweig zu einem Schwerpunkt der Biotechnologie werden lassen. Die Gesellschaft hat in den vergangenen 15 Jahren über 150 neue Substanzen aus bestimmten, im Boden vorkommenden Bakterien isolieren können, die – chemisch modifiziert- antibiotische Wirkung entfalten. Man hat ein biologisches Pflanzenschutzmittel entwickelt; es ist umweltverträglich und wird binnen vier Wochen auf natürlichem Weg abgebaut. Man arbeitet an der Entwicklung von Meßfühlern mit sogenannten Biosensoren, die unter anderem in der Lebensmittelindustrie verwendet werden können, zum Beispiel, um die Frische von Fleisch zu bestimmen; verwendbar sind sie auch in der Umwelttechnik, wo sie Schadstoffe in Abwässern nachweisen helfen.

Die Technische Universität betreibt ein Zentrum für Abfallforschung, das sich mit den Problemen der Abfallentsorgung und Sanierung von Altlasten befaßt. Es geht hierbei unter anderem um die Frage, wie Abfälle sicher von der Ökosphäre abgekapselt werden können, zum Beispiel durch Kunststoffplanen, Betonbehälter und anderes mehr. Es geht darum herauszufinden, was eigentlich im Inneren einer Mülldeponie geschieht, inwieweit Grundwasser und Böden beeinträchtigt werden; es geht darum herauszufinden, wie man Sickerwasser behandelt, wie überhaupt Wasser in einer Deponie fließt; man widmet sich auch dem Problem, wie man Hafenschlick gefahrlos ablagern kann.

Der Ackerschonstreifen – Ersatz für die chemische Keule

Nicht ohne Stolz verkündet die Biologische Bundesanstalt für Land- und Forstwirtschaft (BBA), daß sie in den achtziger Jahren »durch die Einweihung von vier weiteren Institutsgebäuden und Verlagerung von mehreren Instituten aus dem Bundesgebiet und Berlin ihren Hauptsitz in Braunschweig zum größten staatlichen Pflanzenschutzzentrum der Bundesrepublik Deutschland« hat ausbauen können. Die Anstalt versucht sich im Spagat zwischen Pflanzenschutz und Umweltschutz. Bekanntlich führt Schädlingsbekämpfung mittels Chemie zur Belastung von Boden, Wasser und Luft. Die Belastung sinkt erheblich, wenn die Chemie, soweit wie möglich, durch natürliche, das heißt biologische Verfahren ersetzt werden kann. Der »Ackerschonstreifen« ist eine solche Möglichkeit. Wer über Land fährt, freut sich heute wieder über den Klatschmohn und die Kornblumen, die am Feldrand blühen. Sie gedeihen in einem zwei bis fünf Meter breiten Streifen inmitten von Unkräutern, dem Lebensraum einer vielfältigen Fauna. Feldraine zwischen den Feldern, Hecken und Gehölzen gehören auch dazu. Sie alle bilden das, was »ökologisches Netz« genannt wird und was zum Artenreichtum von Kleinlebewesen und Pflanzen beiträgt und nach dem Prinzip funktioniert: fressen und gefressen werden – der Nützling, der hier seine Heimstatt findet, vertilgt den Schädling.

Als weit über den rein landwirtschaftlichen Rahmen hinausgehend sieht die Bundesforschungsanstalt für Landwirtschaft (FAL) heute ihr Aufgabengebiet an. Die herkömmliche Ansicht, Landwirtschaft lediglich als Produzent von Nahrungsmitteln zu betrachten, müsse aufgegeben werden. Es kommt jetzt mehr denn je darauf an, so die Anstalt, umweltschonend preisgünstige und dennoch hochwertige Produkte zu liefern, im tierischen wie pflanzlichen Bereich. Dabei müssen die Ressourcen geschont und die Kulturlandschaft gepflegt werden. Besondere Bedeutung kommt der Erzeugung nachwachsender Rohstoffe zu.

Die FAL muß in die Zukunft blicken, will sie diesen wesentlichen Forschungsaufgaben gerecht werden. Sie sieht sich Fragen ausgesetzt, die nur aus komplexen Zusammenhängen heraus begreifbar und beantwortbar sind: Wohin geht die Entwicklung der Landwirtschaft generell; welche biologisch-technischen Möglichkeiten sind dabei zu berücksichtigen; wie wirken sich Veränderungen im Ernährungsverhalten und in sozialen Verhaltensweisen aus; die Nahrungs- und Rohstoffmärkte verändern sich – mit welchem Einfluß; schließlich sind auch internationale Verflechtungen auf dem Agrargebiet zu berücksichtigen und nicht zuletzt Belange des Umweltschutzes zu bedenken.

Eine Fülle von Problemen ist es, der sich die FAL heute zu stellen hat; freilich gänzlich anders geartet als die, mit denen sie es 1947 – ihrem Gründungsjahr – zu tun hatte. Damals ging es darum, die Landwirtschaft so schnell wie möglich in den Stand zu setzen, wieder ausreichend für die Ernährung der Bevölkerung zu sorgen. Heute hat sie es, unter anderem, mit der Stillegung von Äckern zu tun.

Wenn der Jet zur Startbahn rollt – Computer im Cockpit

Eine Flugreise beginnt und endet am Boden, wo auch sonst. Stewardessen schließen die Kabinentür, der Flieger beginnt Richtung Startbahn zu rollen. Welchen Weg der Pilot zu nehmen hat, sagt der Tower per Sprechfunk. Was aber geschieht, wenn die Sicht schlecht, der Flughafen groß und unübersichtlich ist, dazu noch reger Verkehr auf dem Rollfeld herrscht und der Pilot ihn nur selten anfliegt? Dann wird im Cockpit und im Tower hart gearbeitet. Damit diese Arbeit erleichtert werde, hat die Deutsche Forschungsanstalt für Luft- und Raumfahrt (DLR) ein System entwickelt, das die Führung von Flugzeugen am Boden sicherer macht. Ein Computer gibt dem Fluglotsen sämtliche Bewegungen und Standorte aller Maschinen auf dem Flugfeld an und errechnet den optimalen Rollweg für jedes dieser Flugzeuge. Diese Daten werden auch ins Cockpit übermittelt, der Rollweg erscheint auf einem Display als grüne Linie, an der sich der Pilot nun orientieren kann. Der Blick aus dem Cockpitfenster freilich bleibt ihm nicht erspart.

Ihr sollt nicht unrecht handeln im Gericht, mit der Elle, mit Gewicht, mit Maß. Rechte Waage, rechte Pfunde, rechte Scheffel, rechte Kannen sollen bei euch sein.

3. Buch Mose

Scherzhaft könnte man behaupten, das Altstadtrathaus sei ein Vorläufer der Physikalisch-Technischen Bundesanstalt (PTB) gewesen. Denn dort ist seit dem Mittelalter die Braunschweiger Elle angebracht, eine Eisenstange von bestimmter Länge, und im Rathaus wurden auch Gewichte aufbewahrt. Gab es Streit unter den Händlern, konnte nachgeprüft werden, was wäg- und abmeßbar war. Prinzipiell ist es heute nicht anders; es ist nur weitaus komplizierter und vielfältiger geworden.

Die Atomuhr der Physikalisch-Technischen Bundesanstalt (PTB) dürfte die bekannteste Uhr hierzulande sein. Mit unvorstellbarer Genauigkeit definiert sie das Zeitmaß für eine Sekunde: Es sind etwa neun Milliarden Schwingungen der Caesium-Atome im Inneren der grauen Röhre. Die PTB verfügt über vier dieser Geräte, das erste – CS 1 – ging 1978 in Betrieb, das zweite – CS 2 – (beide Bilder) arbeitet seit 1985; die beiden anderen sind im Bau.

Befindet sich eine Schallquelle in einem reflexionsarmen Raum, wie hier im Laboratorium für musikalische Akustik der PTB, kann der Schall frei von jedem »Echo« gemessen werden. Getestet werden hier (rechts) einzig die Töne, die von dem Instrument ausgehen, jede Tonmischung aus ursprünglichen und reflektierten Tönen wird durch die schallschluckenden Wände unterbunden. Mikrofone registrieren, wie sich der Schall im Raum ausbreitet. Die PTB untersucht auch Schallquellen, wie es zum Beispiel Maschinen sein können.

Hanf gehört zu den klassischen Faserpflanzen. Die Bundesforschungsanstalt für Landwirtschaft experimentiert seit einiger Zeit mit diesem Gewächs, um herauszufinden, ob Möglichkeiten bestehen, die Fasern als Ersatz für Asbest zu verwenden. Hanf könnte in diesem Fall zum Beispiel zur Herstellung von Bremsbelägen und Dämmstoffen benutzt werden.

Was hier in der Biologischen Bundesanstalt für Land- und Forstwirtschaft krabbelt bzw. als Larve erst ein Käfer werden will, gehört zur artenreichen Gruppe der Laufkäfer. Oben ist es der etwa ein Zentimeter große Kupfrige Schulterläufer,

unten der Goldlaufkäfer, etwa drei Zentimeter groß, und links sind es Larven des Goldglänzenden Laufkäfers. Diese Tiere sind Räuber. Sie fressen Schädlinge wie zum Beispiel Raupen, Blattläuse, Schnecken und sind daher im Ökosystem willkommen. Als Nützlinge sind diese Käfer Helfer beim nichtchemischen Pflanzenschutz. Chemische Pflanzenschutzmittel werden auch daraufhin getestet, ob sie für diese Käfer verträglich sind.

Au Fe Cu Pb Ag

Fassade des Instituts für organische und anorganische Chemie der Technischen Universität. Die ansprechende, ungewöhnliche Gestaltung zeigt den Wandel der Symbolsprache im Lauf der Jahrhunderte. Den heute geläufigen Zeichen für Gold (Au), Eisen (Fe), Kupfer (Cu), Blei (Pb) und Silber (Ag) entsprechen die darüber liegenden Reihen. Die oberste gibt die – in diesem Zusammenhang – ältesten Symbole aus dem 15. Jahrhundert wieder. Es sind die der Alchimie, die zum Beispiel Gold der Sonne zuordnet und Silber dem Mond. Eisen steht für das männliche Prinzip, verkörpert durch Mars; Kupfer für das weibliche, die Venus. Blei schließlich ist Symbol des Saturn.

Werner von Siemens, Ingenieur und Unternehmer, durchdrungen von dem unbedingten Glauben an den Nutzen von Naturwissenschaft und Technik für den Menschen, Siemens also hatte 1883 gefordert, »daß die für die schnelle Entwicklung der physikalisch-mechanischen Industriezweige notwendigen Experimentaluntersuchungen durch die berufensten Kräfte mit staatlichen Mitteln im allgemeinen Interesse und zum Nutzen aller durchgeführt werden«. Überdies solle der Wissenschaftler frei von Lehrverpflichtungen arbeiten können und auch an keine privatwirtschaftlichen Wünsche gebunden sein. Nach Überzeugung von Siemens waren Universitäten und Industrie nicht in der Lage, die technische Entwicklung so zu fördern, wie es notwendig war. Nur ein unabhängiges, staatlich unterhaltenes Institut sei dazu fähig. Der deutsche Reichstag bewilligte bald darauf das Geld; die Physikalisch-Technische Reichsanstalt – der Vorläufer der PTB – konnte gegründet werden. Hermann von Helmholtz, der erste Präsident, begann, unter anderem, mit der Messung von Wärmestrahlung und der Darstellung der elektrischen Einheiten.

Die Atomuhr – Präzision für die Ewigkeit

Gemessen wird seither nahezu alles: Temperatur, elektrische Spannung, Stromstärke, Flüssigkeits- und Gasmengen, Strahlung, Schall, Drücke, Entfernungen, nicht zuletzt die Zeit – eine bescheidene Auswahl dessen, was zum Arbeitsbereich der PTB gehört. Das bedeutet: Die Anstalt ist von Gesetzes wegen für die Musterzulassung und Eichung von Meßgeräten zuständig, ob es Wasseruhren, Elektrizitäts-Zähler, Waagen, Treibstoffzapfsäulen, Stoppuhren und dergleichen mehr sind. Fundament aber aller Messungen sind Einheiten wie Gramm, Kilogramm, Meter, Kilometer, Sekunde, Minute, Stunde und anderes mehr. Das Gesetz über die »Einheiten im Meßwesen« verpflichtet die Anstalt, diese Einheiten darzustellen, das heißt, sie zu verkörpern, die dann als »Normale« bezeichnet werden. In Braunschweigs PTB befinden sich das 1-kg-Massenormal aus Platin und Iridium, von zwei übereinander gestülpten Glasstürzen gegen äußere Einflüsse gesichert, so gut es geht. Hier stehen auch die Atomuhren, die zusammen das Zeitnormal der Bundesrepublik bilden und deren Anzeige in einem Jahr weniger als eine millionstel Sekunde abweicht. Es sind die derzeit genauesten Zeitgeber der Welt, und nun muß man abwarten, wer diese physikalisch-technischen Wunderwerke dereinst nachreguliert. Sollte es das Menschengeschlecht, zu dessen Wohl bekanntlich geforscht, gemessen, angewendet und produziert wird, dann nicht mehr geben, müssen die Uhren halt falsch gehen. Bis in alle Ewigkeit.

Der Geist weht, wo er will

Paragraph 9 des Rechts, das im Weichbild Hagen galt und von Otto dem Kind 1227 bestätigt wurde, lautet: »Quicumque annum et diem in civitate manserit sine alicuius impeticione, de cetero liber permanebit.«

Der Bauersmann draußen vor den Toren konnte zwar kein Latein verstehen, wußte aber genau, welcher Sinn hinter diesen Worten stand: Stadtluft macht frei. Und zwar befreit sie denjenigen aus der Leibeigenschaft, der über Jahr und Tag in der Stadt gelebt hat, ohne daß in dieser Zeit irgend jemand dagegen Einwände erhoben hätte. Ein Gemeinwesen wie Braunschweig – besser: alle fünf Weichbilder, die dann zu Braunschweig wurden – benötigte Zuzug, damit es wachsen und gedeihen, das heißt, wirtschaftlich immer kräftiger werden konnte. Dieses Recht war also ein höchst attraktives Angebot, sich in der Stadt niederzulassen.

Denn was stellte der Bauer schon dar? Er gehörte zum niedersten der drei Stände; er konnte in einer Person Leibeigener des Landesherrn, Hintersasse eines Klosters, unter Umständen dem Vogtzins eines zweiten Adligen unterworfen sein – es nährten sich viele Leute von seiner Arbeit. Es waren nicht die Abgaben an die weltliche und die geistliche Obrigkeit allein, die den Landmann drückten; es waren auch die Fronarbeiten, die Hand- und Spanndienste und vieles mehr. Das bäuerliche Leben konnte zur Qual werden.

Das Hagenrecht – offiziell heißt es »Iura et libertates Indaginis« (Rechte und Freiheiten des Hagen) – bestätigt in seinen 16 Paragraphen alte Rechte und Privilegien des Weichbildes, das Heinrich der Löwe gegründet hatte. So unter anderem die Befreiung von der Grundruhr innerhalb des welfischen Herrschaftsbereichs (siehe Kapitel »Wenn Steine sprechen könnten…«); gewährt Befreiung von Zöllen, sichert die Freiheit der Schiffahrt zwischen Braunschweig und Bremen zu und anderes mehr. Nicht zuletzt räumt das Paragraphenwerk den Bürgern das Recht ein, ihre Ratsmannen selbst zu wählen. Was sie wohl ohnehin schon getan hatten. Immerhin, die städtische Selbstverwaltung wurde nun, im Jahr 1227, formell bestätigt.

Noch im selben Jahr bestätigt Otto das Kind eine Aufzeichnung althergebrachter Rechte, die ihm Bürger der Altstadt vorlegten. »Das Statutum Ottonianum erlangte zentrale Bedeutung für die spätere Rechtsentwicklung der gesamten Stadt« (Garzmann, Seite 36). Die 66 Paragraphen enthalten hauptsächlich Straf-, Zivil- und Prozeßrecht, ganz im Gegensatz zu den die freiheitlichen Positionen des Bürgers feststellenden Sätzen des Hagenrechts. Der Rat und eigene Gerichtsbarkeit sind Merkmale mittelalterlicher Stadtfreiheit schlechthin, in Braunschweig wie anderswo.

Moderne Interpretation des Pegasus, eines geflügelten Rosses der griechischen Mythologie (Seite 158/159). Der Bildhauer Karl-Henning Seemann (geb. 1934) hat die Gestalt des Pferdes stark verfremdet. Der fleischlose Kopf und die mageren Beine scheinen wie von Insekten geliehen, dem ineinander verschlungenen Fleisch des Leibes haftet noch die Erdenschwere an. Das Tier benötigt große Kraft, um sich zum Olymp aufzuschwingen. Pegasus hat, wie die Mythologie erzählt, die den Musen geweihte Quelle auf dem Helikon entdeckt. Seither gilt er als Musen-, speziell als Dichterroß.

1269 bilden Altstadt, Hagen und Neustadt den »Gemeinen Rat«, der die Gesamtstadt repräsentiert, 1325 treten Sack und Altewiek dem Rat bei. »Das Streben nach größtmöglicher Eigenverantwortlichkeit«, schreibt Garzmann, »wurde der Bürgerschaft insofern erleichtert, als die Herzöge des bürgerlichen Kapitals dringend bedurften, um gerade in der Übergangsperiode von der Natural- zur Geldwirtschaft ihre persönlichen und politischen Ziele verwirklichen zu können. Mit der Verpfändung der stadtherrlichen Einkünfte beginnt im Jahre 1296 die umfassende politische Konzeption des Rates, die schließlich Braunschweig die Stadtfreiheit gebracht hat« (Garzmann, Seite 133).

Freiheit zu haben, bedeutet nicht zuletzt, sein Recht selber setzen zu dürfen; der Rat wurde zum zentralen Gesetzgebungsorgan und übte die Gerichtsbarkeit aus.

Wie der mittelalterliche Mensch überhaupt gewohnt war, die Waffen zu tragen und zu gebrauchen, waren die Braunschweiger derb, verwegen und zum Losschlagen geneigt, allein daneben scheint Gutmütigkeit und Friedlichkeit und auch Duldsamkeit in ihrem Charakter gelegen zu haben

Ricarda Huch
(1864–1947)

Das Recht – ein Sinn- und Friedensstifter

Recht ist wesentlicher Bestandteil der Kultur. Kultur ohne Recht ist nicht denkbar. Recht wurzelt in der geistigen Substanz einer Gemeinschaft, es ist eine ihrer elementaren Lebensäußerungen. Die unterschiedlichen Auffassungen, was es eigentlich sei, das Recht, brauchen hier nicht erörtert zu werden; es genügt festzuhalten, daß Recht bestimmte Wertvorstellungen spiegelt, eine bestimmte Ordnung herstellt, diese schützt, sichert und verteidigt, womit ihm eine friedensstiftende Funktion zukommt. Die Rechtsprechung dient der Durchsetzung des Rechts. Auch die Frage, welche Kraft es eigentlich sei, die dem Recht Geltung verschafft, von welcher allgemeinen Idee es ableitbar ist – dem Naturrecht etwa – steht hier nicht zur Diskussion. Für die mittelalterliche Vorstellung, um die es hier geht, gilt, daß auch beim Recht und dessen Anwendung – wie in allen Lebensbereichen überhaupt – göttliches Wirken sich manifestiert. »Gott ist selbst Recht«, heißt es im Sachsenspiegel, »darum ist ihm Recht lieb.« Dort, wo Gott wirkt, herrscht Frieden. Und so sollte auch die Stadt im tiefsten Verständnis ein Abbild des Himmlischen Jerusalems sein, der Gottesstaat auf Erden also, in dem jener Friede herrscht. Wir haben anderenorts darauf hingewiesen.

Die Männer vom Kaufmannsstande sind fleißige Arbeiter, man sieht sie nur selten das Pflaster betreten; die Beamten führen einen ernsten gemessenen Geschäftsgang, und die, welche sich mit Gelehrsamkeit und Kunst beschäftigen, sind nicht gering in der Zahl und nicht unbedeutend in ihrer Wirksamkeit. Alle aber sind eifrige Patrioten und ihrem Fürsten mit ganzer Seele ergeben.

Friedrich Wilhelm Dethmar
(1829)

Gleichwohl faßte man Glaube beziehungsweise Religion und Recht als durchaus verschiedene Wesenheiten auf, dennoch blieb das Recht in Gott begründet, und der Mensch hatte es ins praktische Leben zu überführen. Gott sprach zwar nicht mehr selbst Recht, sondern er verlieh dem Menschen die Kraft, es zu finden, ein Grund, weshalb die Gottesurteile allmählich verworfen wurden.

Das Strafrecht jener Zeit mutet in manchen seiner Erscheinungsformen heute pervers an; das moderne Rechtsempfinden ist nicht ohne weiteres bereit, die Ungeheuerlichkeiten als Ausdruck von Kultur zu werten. Sie sind es gleichwohl, denn sie bleiben eingebunden in die festgefügte Einheit von Sittlichkeit und Recht, Religion und Politik.

Dennoch gab es seinerzeit auch Gegenströmungen, denen das sogenannte Naturrecht die Argumente geliefert hatte und die die Beseitigung der Hexen- und Zauberprozesse forderten sowie die Abschaffung der Folter, eine Milderung des Strafensystems und die Verbesserung der Lage von Gefangenen. Es sind dies die gedanklichen Grundlagen, auf denen das 18. Jahrhundert – die Zeit der Aufklärung – aufbaut, und mit deren Hilfe es für entsprechenden Wandel sorgt. Endlich, möchte man hinzufügen, darf aber nicht außer acht lassen, daß das Beharrungsvermögen mancherorts weit größer war als der Wille zu vernünftigen Veränderungen. Berühmt geworden ist in diesem Zusammenhang Friedrich II. von Preußen, der sofort nach seiner Thronbesteigung 1740 die Folter abschaffte. Im welfischen Hannover dagegen brachen sich die Schmerzensschreie an den Gewölben und Wänden noch 1799. Erst 1822 hob man das Recht zur Tortur auf. Baden bequemte sich dazu 1831. Das Abstoßende an der Folterpraxis kann vielleicht durch den Hinweis auf den Prozeßgang ein wenig entschärft werden. Der Stadtrat hatte sich im Laufe der Zeit das Recht zugelegt, Missetaten von Amts wegen zu verfolgen und nicht abzuwarten, bis eine Klage einging; schließlich hatte der Täter gegen den Frieden der Stadt und damit gegen Gott gefrevelt. Lag kein Geständnis vor, benötigte man einen Ankläger. Dieser, der »Klager von der stat wegen«, beschwor, daß die vor Gericht gestellte Person die Tat begangen habe. Sechs sogenannte Eideshelfer, meist angesehene Bürger, taten ein Gleiches, wobei sie selbstverständlich überzeugt sein mußten, wahr geschworen zu haben. Der Täter – besser: der Angeklagte – galt nach diesen sieben Eiden als überführt. Die Problematik dieser Beweisführung ist offenkundig. Nur zu oft wollte der eine oder andere Eideshelfer, zweifelnd an dem, was er beeiden sollte, eben nicht die Schwurfinger heben, zumal er wußte, daß unter Umständen auf Leibes-, wenn nicht gar Todesstrafe für den mutmaßlichen Täter erkannt werden würde. Womit dann die Beweisführung zusammenbrach.

Abhilfe konnte nur das Geständnis des Täters mit der Schilderung des Tathergangs bringen. Nur so, glaubte man, könne die Wahrheit ans Licht kommen. Gestand der Täter noch immer nicht, griff man zur Folter. Sie war also ein Mittel, den Beweis der Tat zu erbringen; sie war keine Bestrafung.

Ein für heutige Verhältnisse naiver Glaube ging davon aus, daß nur der wirkliche Täter gestehen werde; ein Unschuldiger werde nicht die schwere Sünde einer Lüge auf sich laden, zumal ihm Gott die Kraft verleihen würde, die Tortur durchzustehen. Die Tortur zur Beweiserhebung hatte, was sich von selbst versteht, nicht den Tod des Angeklagten zum Ziel. Daß doch so mancher sein Leben aushauchte, zumindest aber verstümmelt oder in anderer Form schwer geschädigt wurde, auch das versteht sich von selbst.

Vollkommen enthemmt gebärdete man sich in den Hexenprozessen. Hierbei konnte man seinen Sadismen freiesten Lauf lassen – schließlich standen Hexen im Bund mit dem Teufel, und insoweit verbot sich dann jede Rücksichtnahme. Jedermann glaubte zu wissen: Hexen existieren tatsächlich, und jeder konnte seine Seele dem Teufel überantwortet haben, ob Mann, Frau, Kind, sogar ein Tier taugte dazu. Kirche und Theologie lieferten die Rechtfertigung für diesen Wahn, der im 17. Jahrhundert schließlich epidemische Züge annahm. Niemand war sicher, sich nicht irgendwann im Folterkeller wiederzufinden. Reichtum schützte nicht vor Verfolgung, auch nicht hohe Geburt oder Ansehen, wenngleich der Einfluß solcher Familien sich mitunter segensreich für die – es waren zumeist Frauen – Verdächtigen auswirkte. Das Denunziantentum blühte, die Privatrache an der unliebsamen Nachbarin feierte fröhliche Urständ.

Herzog Heinrich Julius (Regierungszeit 1589–1613) gehörte zu den eifrigsten Hexenjägern. »Zeit seines Lebens«, berichtet eine Chronik, »sah der Platz am Lechelnholz stets wie ein kleiner Wald aus, so dicht standen die Brand-

Skulptur des St. Autor in einem Seitengiebel der Aegidienkirche. Markgräfin Gertrud brachte die Gebeine des Stadtpatrons nach Braunschweig. Die Legende weiß, daß er der Stadt half, als sie im Jahr 1200 von König Philipp von Schwaben belagert wurde. St. Autor erschien auf den Mauern, woraufhin die Belagerer in Furcht und Schrecken flohen. Die Braunschweiger zeigten sich dankbar und trugen in Notzeiten den Schrein mit seinen Gebeinen durch die Straßen.

In dieser Zeit war ich nicht selten in dem damals Herzoglichen Museum (dem Herzog Anton Ulrich-Museum), das so mancher Braunschweiger nicht kennt. Unter den vielen vortrefflichen Bildern zog mich ein Bildnis des Herzogs Christian von Braunschweig, der den Dreißigjährigen Krieg entfesselt hat … sonderbar an … Unbeschreiblich ist aber die Dämonie der Gestalt, die es begreiflich macht, daß die Zeitgenossen diesen Romantiker und wilden Kriegsmann, der sich vor versammeltem Heer einen zerschossenen Arm ausrenken ließ und wie ein Ritter aus der Zeit der Minnesänger den Handschuh einer schönen Frau am Helm trug, den Tollen genannt haben.

Rudolf Huch
(1862–1943)

pfähle.« Man bezweifelt heute, daß Seine Durchlaucht tatsächlich ein übermäßig großer Blutsäufer gewesen ist. Aber 53 Hinrichtungen bei 114 Verfahren lassen auch nicht eben auf mangelnden Verfolgungseifer schließen. Heinrich Julius war bei seinem Vater Julius in die Lehre gegangen. Der hatte 1570 in einer Verordnung die Anwendung der einzelnen Foltergrade genau festgelegt, und noch der Sohn hat sie zur Richtschnur genommen (Soldan/Heppe/Bauer, Seite 342 f.).

Es ging, wir wiederholen es mit anderen Worten, bei der Hexerei um eine gegen Gott und sein Gesetz gerichtete Tat. Die obrigkeitliche Gewalt, ob sie ein Ratskollegium oder ein Fürst innehatte, leitete ihre Befugnis zur Verfolgung von dem Auftrag Gottes ab, der die Obrigkeit zugleich zum Vollstrecker seines Willens auf Erden berufen hat. Das Gebot im 2. Buch Mose 22,17 »Die Zauberinnen sollst du nicht am Leben lassen«, war verpflichtendes Gesetz. Verfolgten Rat oder Fürst die Hexerei nicht, wurden sie ihrerseits zu Verbrechern am Gesetz Gottes; die Tat wurde ihnen zugerechnet, und sogar das gesamte Volk mußte unter Umständen dafür büßen. Noch einmal: Dies alles gefällt dem Gegenwartsmenschen überhaupt nicht, er hat größte Mühe zu akzeptieren, daß seine Vorväter so gedacht und gefühlt haben.

Daß man es an Erfindungsreichtum nicht fehlen ließ, wenn es darum ging, von Gesetzes wegen einen Menschen vom Leben zum Tode zu befördern, liegt auf der Hand. Braunschweigs Stadtgeschichte kann mit einem besonders widerwärtigen Beispiel aufwarten, dem Prozeß und der Hinrichtung des Bürgerhauptmanns Henning Brabandt nämlich, im Jahr 1604.

Soziale Spannungen, Vetternwirtschaft, wie auch die wirtschaftlichen Schwierigkeiten in der Stadt insgesamt hatten dazu geführt, daß die Bürgerhauptleute ihren politischen Einfluß auf das Stadtregiment erweitern wollten, gegen den Willen des Rats, wie sich versteht. Bürgerhauptmann Henning Brabandt (um 1550–1604) setzte sich an die Spitze der Bewegung. Es gelang ihm schließlich, die Mitregentschaft der Bürgerhauptleute durchzusetzen und den Einfluß der Patrizier aus der Altstadt auszuschalten. Diese sogenannte Brabandtsche Revolution fiel in eine Zeit heftiger Auseinandersetzungen mit dem schon bekannten Herzog Heinrich Julius. Brabandt hielt sich in dieser Angelegenheit als Gesandter des Rats beim Kaiser auf, Verhandlungen verliefen aber ergebnislos. Brabandts »Revolution« hielt nicht, was man sich von ihr versprochen hatte. Die wirtschaftliche, soziale und politische Lage jener, um die es ging, besserte sich nicht, die Volksstimmung, schwankend wie immer, kippte zuungunsten der Revolutionäre.

Selbstredend waren Brabandts Gegner nicht untätig geblieben. Sie hetzten und intrigierten gegen ihn, und die Geistlichkeit überbot sich in Schmähungen von der Kanzel herab. Es war die große Stunde auch der kirchlichen Fanatiker. Brabandt wurde vorgeworfen, er paktiere mit Herzog Heinrich Julius und wolle ihm die Stadt ausliefern; ein Schmied tat sich wichtig mit der Erzählung, der Teufel habe den Brabandt in Gestalt eines Raben bei der Aegidienkirche angegriffen, und er habe sich seiner kaum erwehren können – am 3. September 1604 herrscht Bürgerkriegsstimmung in der Stadt. Brabandt und sein Anhang haben sich auf dem Altstadtmarkt zusammengerottet, ihre Gegner auf dem Hagenmarkt. Die vom Hagenmarkt toben los in Richtung Altstadtmarkt, Brabandt und die Seinen fliehen. Die Gegner jedoch setzen nach, zerren Brabandts Leute aus ihren Verstecken, bringen sie um und suchen nach dem

Die Justitia am Gebäude der Staatsanwaltschaft, Domplatz 1 – eine ungewohnte Darstellung, die der Bildhauer Bodo Kampmann (1913–1978) geschaffen hat (getriebenes Kupfer, 1956). Diese Figur benötigt keine Waage, kein Schwert und keine Augenbinde mehr, um Gerechtigkeit zu finden. Ihre Hände und Arme selbst sind zu Waagschalen und Waagbalken geworden. Der Künstler hat darauf verzichtet, eine eindeutig weibliche Figur zu schaffen, hat sie aber auch nicht eindeutig männlich gestaltet. Er hat sie stilisiert und ihr ein archaisches Aussehen gegeben. Aus der herkömmlichen Allegorie ist ein Symbol geworden.

Bürgerhauptmann. Der hat mit einem Amtsgenossen die Stadtmauer erreicht, kann hinaufklettern, springt auf der anderen Seite hinunter und bricht sich dabei ein Bein. Mit einem Boot können die beiden sich über den Wallgraben retten. Ein Leinewebergeselle, zufällig anwesend, schleppt Brabandt in die Nähe der Rotenburg. Dort läßt er ihn zurück, ohne zu wissen, wer der Hilflose ist. Er erfährt es am nächsten Morgen, als er dem Rat von seinem Erlebnis berichtet. Berittene Ratsknechte stöbern den Unglücklichen auf und bringen ihn ins Gefängnis.

Vormittags, am 17. September, läuten die Glocken von St. Katharinen. Gemessenen Schrittes und in feierlicher Würde bewegt sich der Zug der Ratsmannen auf das Gotteshaus zu. Sie passieren das Schafott auf dem Hagenmarkt, eine solide Arbeit, die der Zimmermann pünktlich zum heutigen Tag fertiggestellt hat. Entblößten Hauptes halten sie Einzug in die Kirche und nehmen Platz im Ratsgestühl. Sie schweigen. Pfarrer Johannes Wagner steigt auf die Kanzel. Nach dem Gottesdienst beginnt die wahrscheinlich grausigste und brutalste Hinrichtung, die Braunschweig je gesehen hat.

Auf der Folter hat Henning Brabandt gestanden, was seine Richter, die Ratsherren, hören wollten. Ja, er habe insgeheim mit dem herzoglichen Kanzler verhandelt, und er sei ein Verräter; ja, er habe zu Aufruhr in der Stadt angestiftet; ja und dreimal ja, er stehe im Bunde mit dem Teufel, sei ein Hexer – die Beweise für seine fluchwürdigen Verbrechen lagen damit vor.

Das Todesurteil ist eine Formsache, die Art seiner Vollstreckung übersteigt jedes Maß. Nachdem die Blutorgie auf dem Schafott geendet hat, der Körper nachträglich enthauptet und gevierteilt ist, werden die Leichenteile in eisernen Körben an vier Stadttoren aufgehängt, der Kopf wird auf eine eiserne Stange gespießt und zum Michaelistor hinausgesteckt.

Es waren Prozesse und Hinrichtungen dieser Art – und sie fanden nicht nur in Braunschweig statt –, an denen sich Kritik entzündete. Ob der viel beschworene göttliche Auftrag, Recht durchzusetzen, diese Sadismen, diese Brutalitäten auch deckte, schien mehr als zweifelhaft. Der bedeutendste Wortführer gegen die Hexenprozesse war Friedrich Spee von Langenfeld (1591–1635), ein Jesuitenpater, ruhmreicher Verfasser der Schrift »Cautio criminalis«, erschienen 1631, auf das heftigste befehdet von manchen seiner Zeitgenossen und Ordensbrüder, und dennoch – erstaunlich genug – stets von seinen Ordensoberen geschützt.

Spee muß ein sehr überzeugend und glaubwürdig wirkender Mann gewesen sein. Er wurde Professor, unter anderem für Philosophie und Moraltheologie, an der Jesuiten-Universität in Paderborn; 1628 schickte ihn sein Orden als Missionar nach dem westwärts von Braunschweig gelegenen Peine, welches mit dreißig Dörfern in seinem Umkreis schon 1520 protestantisch geworden war, aber weiterhin zum Hochstift Hildesheim gehörte. Unbekannt gebliebene Täter versuchten, Spee 1629 zu ermorden. Mit knapper Not konnte er sein Leben retten. Fast ein Vierteljahr brauchte es, bis er wieder genesen war.

Spee hatte den nicht ungefährlichen Mut, sich seines Verstandes und seiner Vernunft zu bedienen. Nicht der tote Buchstabe der Heiligen Schrift sei entscheidend, sondern der Geist des Christentums. Und hier wiederum ist es die Nächstenliebe, die ihm Richtschnur für Recht und Unrecht gibt. Sie trägt ihm auf, die Wahrheit zu entdecken, auf daß kein Unschuldiger den Tod erleide. Er sitzt dabei, wenn Delinquenten verhört werden; er bittet Freunde, den

Prozeßgang heimlich zu beobachten; er spricht mit Gefangenen, besucht sie in den Kerkern; diskutiert mit Richtern und Inquisitoren – er läßt keine Gelegenheit vorüberstreichen, der Wahrheit auf den Grund zu kommen.

Die Ergebnisse seiner Bemühungen legt Spee nieder in der erwähnten »Cautio criminalis« und beginnt die Vorrede mit den Worten: »Den Obrigkeiten Deutschlands habe ich dies Buch gewidmet; vor allem denen, die es nicht lesen werden ...« Vorangestellt hat er den Prediger Salomo, Kapitel 3, 16: »Ich sah unter der Sonne an der Stätte des Gerichts Gottlosigkeit und an der Stätte der Gerechtigkeit Unrecht.«

Friedrich Spee von Langenfeld hatte auf eine sehr persönliche Weise die Aufklärung des 18. Jahrhunderts vorweggenommen.

Recht zu haben, ist eine Sache; eine andere Sache ist, Recht zu bekommen. Was bedeutet: Ein Recht ist nur so viel wert, wie es im Streitfall auch durchsetzbar ist. Das Gericht ist die Instanz, die Recht nach bestimmten Regeln spricht. Diese Regeln werden in den Prozeßrechten festgeschrieben. Die Höhe einer Rechtskultur hängt entscheidend davon ab, welche Möglichkeiten dem Bürger geboten werden, ein Gericht anzurufen, und wie das Gericht dann – prozeßrechtlich – zu verfahren hat.

Justizreform in Braunschweig – vom deutschen und römischen Recht

Braunschweigs Gerichtswesen hatte sich überlebt. Den überkommenen Vorstellungen nach wurden Zivil- und Strafprozesse mündlich abgehandelt, das Verfahren hatte streng formalistische Regeln, es wurde deutsches Recht angewendet, Prozesse konnten sich über sehr lange Zeit hinziehen. Der Rat hatte bereits für Abhilfe gesorgt, indem er die alten Vogtgerichte zunehmend verdrängte und anstelle des alten deutschen Rechts das überlegene römische Recht anwendete. Wohl auf Initiative ihres Syndikus Levin von Emden entschloß sich die Stadt um 1530 zu einer durchgreifenden Justizreform. Der Jurist hatte auch entscheidend dazu beigetragen, daß 1528 die Reformation in Braunschweig durchgesetzt werden konnte.

Emden schuf ein Unter- und Obergericht, legte deren Zuständigkeiten fest sowie den Modus der Urteilsfindungen; führte für das Obergericht die Schriftlichkeit des Verfahrens nach römisch-rechtlichem Vorbild ein, erklärte es zur Berufungsinstanz in Zivilsachen und beteiligte es in Strafsachen lediglich bei der Fällung von Todesurteilen und deren Exekution. Die übrige Strafjustiz blieb den Untergerichten vorbehalten. Soviel in groben Strichen zur Justizreform. Braunschweig hatte damit zur neueren Rechtsentwicklung aufgeschlossen.

Zeitgleich mit der Justizreform in Braunschweig macht die Behauptung die Runde, Kaiser Lothar III., Großvater Heinrichs des Löwen, habe das römische Recht – das Corpus iuris civilis – bereits 1135 zur Grundlage der Rechtsprechung in Deutschland gemacht und seine Geltung durch einen Akt der Gesetzgebung begründet. Gut hundert Jahre nach der Verbreitung dieser Auffassung behauptete ein Helmstedter Professor: Es gab keine kaiserliche Gesetzgebung, sondern allmähliche Übernahme italienisch-römischen Rechtsdenkens in die deutsche Gerichtspraxis. Der Professor hieß Hermann Conring (1606–1681), ein bemerkenswerter Mann. Vielseitig interessiert, begabt mit scharfem Verstand und bestechender Vernunft, studierte er unter anderem Philosophie,

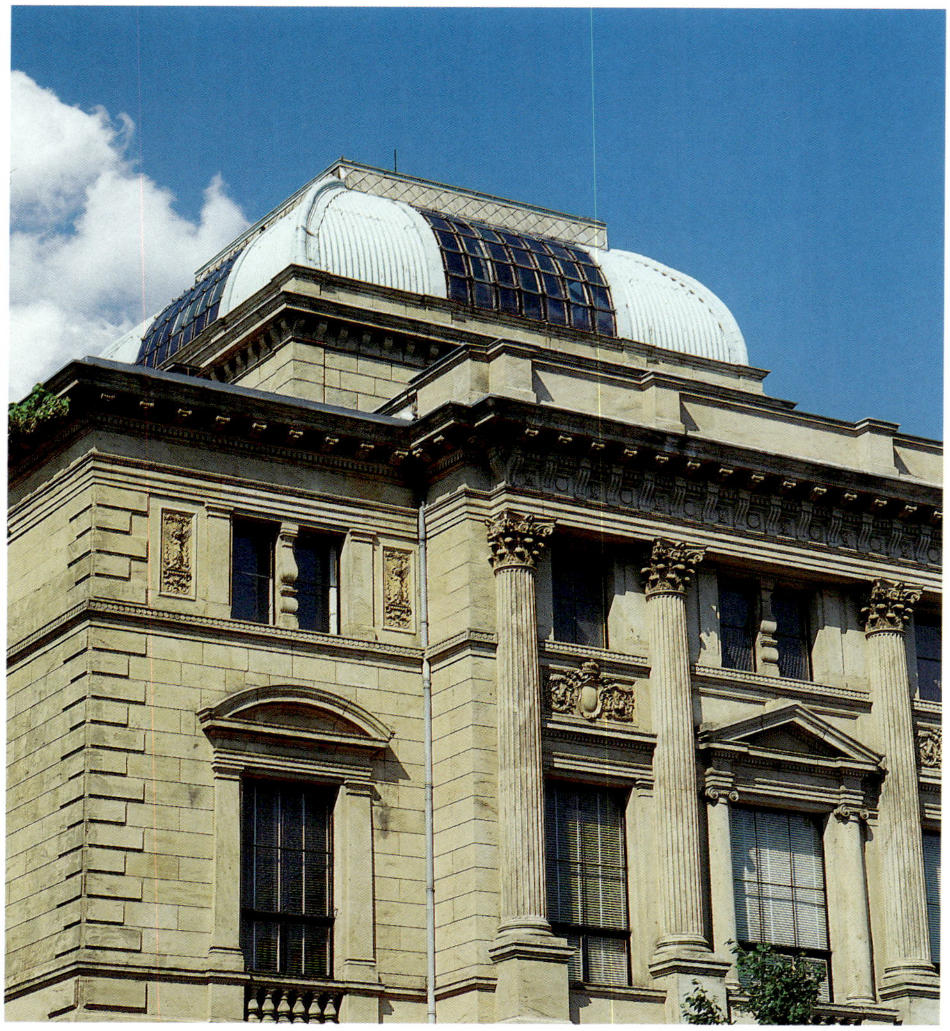

Herzog Anton Ulrich-Museum, westlicher Kopfbau mit erstem Obergeschoß, Mezzanin und Kuppel. Oskar Sommer hat das langgestreckte, in den Formen der italienischen Renaissance gehaltene Gebäude mit kreuzförmigen Kopfbauten abgeschlossen und die Schnittpunkte mit Lichtkuppeln überwölbt. Der Eingangsbereich ist als Risalit mit korinthischen Säulen ausgebildet. Das Museum wurde 1887 eingeweiht. Die Sammlungen gelten als die bedeutendsten Niedersachsens und gehören zu den wichtigsten in Deutschland. Das Museum entwickelte sich in den letzten Jahrzehnten zu einer Institution von internationaler Bedeutung.

Der konventionell gestaltete »Flötenspieler« (Bronze, 1910/11) von Arnold Kramer (1863–1918) gewinnt seinen besonderen Reiz aus dem spannungsvollen Gegensatz zwischen dem muskulösen Körper und dem zierlichen Musikinstrument. Die Kraft der Arme, Hände und Finger ist gebändigt; behutsam hält der Mann das zerbrechlich scheinende Instrument. Die Skulptur befindet sich seit 1983 im Garten der Villa Gerloff am Löwenwall.

Der Braunschweiger Zuckergroßhändler Louis Gerloff ließ diese Villa mit dem bemerkenswerten gußeisernen Vorbau 1888/89 am Löwenwall errichten. Das Haus, nach Vorbildern der italienischen Renaissance entworfen, beherbergt seit 1983 die Formsammlung. Es sind historische und moderne Gebrauchsgegenstände, wie sie Handwerk und Industrie hervorgebracht haben. Dazu zählen Gefäße, Bestecke, Behältnisse und anderes. In dem weitläufigen Vorgarten stehen Skulpturen wie diese »Melusine« (links) aus Sandstein von Jakob Hofmann (1876–1955), aufgestellt 1983. Melusine ist eine Gestalt aus der altfranzösischen Sage; sie ist eine Nixe und sagenhafte Stammutter der Grafen von Lusignan.

Die »Ruhende« hat Ludwig Kasper (1893–1945) seinen Mädchenakt aus Bronze genannt, der 1983 in den Garten der Villa Gerloff gestellt wurde. Der Künstler hat den Augenblick der Unentschiedenheit und damit der inneren Spannung eingefangen. Noch ist nicht klar, ob sich das Mädchen hinlegen oder aufrichten will.

Geschichte, Medizin; war Erzieher im Haus des herzoglich-braunschweigischen Kanzlers Engelbrecht, erwarb die medizinische und philosophische Doktorwürde, hatte den Lehrstuhl für Naturphilosophie inne und wurde auch zum Professor für Medizin ernannt. Vieles hatte er studiert, nur eines nicht: Rechtswissenschaft. Was ihn nicht hinderte, zu einem der großen deutschen Rechtsdenker zu werden.

Conring hatte sich in die Quellen des deutschen Rechts vertieft und herausgearbeitet, wie es zur Vermischung mit dem römischen Recht gekommen war. Seine Analyse machte Furore, Zeitgenossen bezeichneten sein »De origine iuris germanici« (Über den Ursprung des germanischen Rechts) als Meisterwerk.

Der Professor war ein umtriebiger Mensch. Seine Lehrtätigkeit versah er nur am Rande; er war häufig auf diplomatischen Reisen und bei vielen Fürstenhöfen als Ratgeber begehrt, bis ihn Herzog August von Braunschweig 1665 zurückbeorderte. Nicht ausschließlich Ruhm- und Ehrsucht, verbunden mit Profitstreben, war es, das ihn an die Höfe zog; es war sein Widerwille gegen den habsburgischen Kaiser in Wien, und es war seine Vorliebe für den souveränen Fürstenstaat. Man darf vermuten, daß Conrings Haltung dem Braunschweiger Herzog sehr gelegen kam und mit dazu beigetragen hat, seinen Staat absolutistisch auszuformen. Was auch bedeutete: Braunschweig, die selbständige, wenn auch nicht reichsunmittelbare Stadt, mußte fallen. Ein quasi-Staat im Staate war nicht länger mehr zu dulden.

Staatsraison und Absolutismus – von der Allmacht der Fürsten

Conring begriff den fürstlichen Absolutismus als totale Ordnungsmacht. Schöpferisches politisches Handeln und das vernünftige Prinzip, nach welchem es sich richte, sei die Staatsraison; etwa so hatte es auch Machiavelli formuliert. Notwendig sei die Staatsraison wegen der »Schlechtigkeit der (durch die Erbsünde verderbten) menschlichen Natur, an deren (auch nur relatives) Naturrecht er nicht mehr glaubte. Um die Menschen in äußerer Zucht zu halten, bedürfe es einer politischen Macht, die auch List und Gewalt brauchen muß« (Wolf, Seite 237). Träger der als schöpferische Kraft verstandenen Macht war der Fürst; durch sie war er legitimiert und durch nichts sonst.

Es ist selbstverständlich, daß der Herrscher aus diesem Verständnis heraus jeden Mit-Machthaber – es sind die Landstände, zu denen der Adel, die Prälaten und Städte gehörten – ausschalten muß. 1671, noch zu Lebzeiten Hermann Conrings, beendete eine Koalition welfischer Herzöge Braunschweigs jahrhundertealte Freiheit. Die Stadt kapitulierte.

Das Zeitalter des Absolutismus (Frankreichs Ludwig XIV.: »Der Staat bin ich« – soll er gesagt haben; sicher ist es nicht) ist die große Zeit der Fürsten. Vorher nicht und danach schon gar nicht erreichten sie eine solche Höhe irdischen Daseins. Nun ist es eine Sache, wenn ein Monarch von Ludwigs Graden den Absolutismus überzeugend repräsentiert: würdig, kraftvoll, unwiderstehlich. Eine andere Sache ist es, wenn Mini-Potentaten es ihm gleichtun wollen – und sie wollten es alle. Im Deutschen Reich, nach dem Dreißigjährigen Krieg einem Flickenteppich gleichend, hockten unzählige Fürsten auf ihren Thrönchen, bauten Mini-Versailles und taten sich wichtig. Lächerliche Gestalten sie

»Bilderrahmen« aus lackiertem Stahlblech von Jörg Lange, aufgestellt im Westpark 1991. Nicht mehr das Bild, sondern der Rahmen selbst erscheint hier als Bedeutungsträger. Er umgrenzt ein Stück der Wirklichkeit, gibt einen Ausschnitt wieder, ohne daß der Zusammenhang dieses Ausschnitts mit dem Ganzen verloren geht.

Den Rücken dem Museum zugewandt, die Arme über dem Knie verschränkt, ganz in sich gekehrt hockt er da, der Mann aus Muschelkalk (geschaffen von Jürgen Weber, geb. 1928) und blickt mit großen Augen gedankenverloren in die Ferne. Er mag nicht mehr, er hat es satt, er ist »Die große Verweigerung«. Die »Kugel« im Schloßpark wurde von Helge Bofinger entworfen. Rechts oben »Stütze und Last« (Fritz König, geb. 1924; Bronze; aufgestellt in Viewegs Garten 1967).

Die »Wächtergruppe« (rechts) von Friedrich Wilhelm Vosswinkel (geb. 1929) vor dem Eingang zur Physikalisch-Technischen Bundesanstalt. Die Plastik aus Beton, Kupferblech und Plexiglas, 1982 aufgestellt, ist Sinnbild für die Aufgaben der PTB, zu denen Forschungen und Entwicklungen im Bereich des Meßwesens gehören.

allesamt, von wenigen Ausnahmen abgesehen. Aber die gängigen Vorstellungen im Kopf, wie Hermann Conring sie auch formuliert hatte: Der Mensch ist von Natur aus selbstsüchtig und rücksichtslos, das ist die Erkenntnis, die sich aus der Erfahrung gewinnen läßt. Jeder kämpft demnach gegen jeden, wenn nicht ein postulierter Vertrag eines jeden mit jedem Sicherheit und Ruhe schaffen würde. Bleibt die Frage, wer denn für die Einhaltung des Vertrags sorgt. Ein unumschränkter Wille ist es, der dies tut; ein über dem Gesetz stehender und mit entsprechender Macht ausgestatteter Wille. Der Staat selbst sei ein Ungeheuer, ein »Leviathan«; der Staat ist eine Maschine, die den Willen des einzelnen beherrscht, erklärt der englische Philosoph Thomas Hobbes (1588–1679). Auch die Revolution sei ein solches Ungeheuer, und nur zwischen diesen beiden habe der Mensch die Wahl: diktatorisch regierter Staat oder Revolution, welche freilich die Rückkehr des Naturzustandes mit dem Kampf aller gegen alle sei.

Endlich kam mir der Einfall, mich an den Herzog von Braunschweig zu wenden und diesen um die Mittel zu weiterer Ausbildung anzugehen. Ich wußte, daß der Herzog früher selbst Violine gespielt hatte und hoffte daher, daß dieser nun mein Talent erkennen werde ... Nach Beendigung (des vom Herzog genehmigten Vorspielens) kam er zu mir, klopfte mich auf die Schulter und sagte: »Das Talent ist da; ich werde für Dich sorgen. Komm morgen zu mir.« Überselig eilte ich nach Hause, meldete sogleich den Eltern mein Glück und konnte lange vor Freude und Aufregung nicht einschlafen.

Ludwig Spohr
(1784–1859)

Die Alternative ist eine scheinbare. Der Mensch hat gar keine andere Wahl, als sich dem diktatorischen Willen zu unterwerfen. Der absolutistisch regierende Fürst bedient sich der Philosophie als Rechtfertigung. Diese Philosophie verwandelt sich im selben Augenblick in Ideologie, wenn der Fürst nicht um seiner Untertanen willen, sondern um seiner selbst beziehungsweise seiner Familie willen handelt. Die Unterdrückung der Untertanen geschieht nunmehr nicht darum, daß sie Ruhe halten, sondern, daß er, der Fürst, Ruhe vor ihnen hat. Seine Willkür kann sich nun um so ungehemmter entfalten.

Es könnte jetzt so scheinen, als habe es sich bei den Fürsten überwiegend um geist- und hirnlose Rohlinge gehandelt. Dem war nicht so. Der – für unseren Geschmack – unrühmlich als Hexenbrenner hervorgetretene Heinrich Julius von Braunschweig (1543–1605) war zu seinen Zeiten geachtet wegen seiner hohen Bildung und Dichtkunst.

Anton Ulrich (1633–1714) trat ebenfalls als Dichter hervor, mehr noch als Kunstsammler. Der Dichter ist vergessen, der Sammler hochgeehrt. Der erlesene Geschmack des Herzogs ließ eine Gemäldekollektion entstehen, die heute noch ihren Rang behauptet. Zu den erlauchtesten Künstlern gehören Rubens und Rembrandt, Holbein der Jüngere und Vermeer van Delft. In seiner Residenz Schloß Salzdahlum, 1688 gebaut, 1811 abgebrochen, ließ der Fürst eigens einen Flügel errichten, der als Galerie diente. Die Sammlung wurde im Paulinerkloster untergebracht, 1887 konnte der Museumsbau am Steintorwall eingeweiht werden. Das Herzog Anton Ulrich-Museum gilt als das bedeutendste Niedersachsens.

Das Museum kann sich rühmen, einem jungen Mann aus bekannter Braunschweiger Familie zum rechten Berufsweg verholfen und die Wissenschaft von der Kunstgeschichte bereichert zu haben. Vater und Großvater waren Juristen gewesen, auch er hatte dem Jus obgelegen, ziemlich lustlos freilich, aber die Eltern bestanden darauf, daß er etwas Ordentliches lerne. Schon als Gymnasiast besuchte er die Sammlungen so oft es ging, und er hätte am liebsten Kunstgeschichte studiert, aber die gehörte unstreitig zu den brotlosesten aller Künste. Er studierte in Göttingen, legte in Braunschweig sein Staatsexamen ab und wurde hier Referendar. »In dieser Stellung bot sich mir die schönste Gelegenheit, um bei den sehr wenigen Arbeiten, welche mir mein Amt auferlegte, meine Kunststudien weiterzutreiben«, berichtet er mit schönster Offenheit in seiner Autobiographie.

Der junge Mann hieß Wilhelm Bode (1845–1929) – seit 1914 »von« Bode, war der Enkel des gleichnamigen Braunschweiger Stadtdirektors, Sohn eines Braunschweiger Richters und dessen Ehefrau aus der Rimpau-Familie. Verwandt waren die Bodes unter anderem mit den Conrings und den Cranachs. Vater Bode gab schließlich dem Drängen seines Sohnes nach. Er durfte nun ein Kunstgeschichtsstudium anhängen, in Berlin, und wurde zu einem der bedeutendsten Kunsthistoriker Deutschlands. Seit 1960 trägt das ehemalige Kaiser-Friedrich-Museum in Berlin seinen Namen.

Herzog Anton Ulrich – Barockfürst par excellence

Herzog Anton Ulrich verkörpert recht eigentlich den Typ des Barockfürsten, den des absolutistisch regierenden Herrschers. Er ist als Person gewissermaßen das Konzentrat seines Staates. Auch ihm sind Frankreichs Ludwig XIV. und Versailles das Vorbild schlechthin, und er versucht, diesem so weit wie möglich nachzueifern; Schloß Salzdahlum, zwischen Braunschweig und Wolfenbüttel gelegen, ist Ausdruck dieser Bestrebungen.

Die Maßhaltigkeit der Renaissance ist dahin, Maßlosigkeit und Illusionismus sind an ihre Stelle getreten. Die Formen beginnen zu wuchern, Dekoration und Stilisierung spiegeln Wirklichkeiten vor, der Schein ersetzt das Sein. Kraftvoll und überschäumend warf man sich in die Welt, belud Schlösser und Kirchen mit Zierat, setzte sich Allongeperücken aufs Haupt, schneiderte sich Kleidung, die nur gezierte Bewegungen erlaubte – eine Leidenschaft zum Großartigen, Einmaligen, Pomphaften, Gestelzten, Glanzvollen hatte sich Bahn gebrochen und alles andere niedergerissen.

Wir sprechen von Fürstenhöfen wie dem in Salzdahlum. Dem Bürger, wie er zum Beispiel in Braunschweig beheimatet war, mußte dies wie eine ferne, fremde, aber staunenswerte Welt erscheinen, mit der er so gut wie nichts zu tun hatte. Barock, das ist die Kunst der Fürsten und der Kirche, wobei anzumerken ist, daß die Kirche sich vor allem im süddeutschen Raum höchst eindrucksvoll darzustellen wußte; eine Folge der Gegenreformation.

So ist es denn kein Wunder, wenn es vornehmlich die Herzöge und der Adel nach der Eroberung Braunschweigs im Jahr 1671 waren, die Braunschweig-Stadt zu barockisieren trachteten. Der Stadtbürger hatte wenig damit zu tun. Das noch heute existierende Stechinelli-Haus wurde umgestaltet, die Dompropstei (»Bevernsches Schloß«) gebaut, die Paulinerkirche ins fürstliche Zeughaus verwandelt und anderes mehr. Außer dem Stechinelli-Haus ist nichts mehr auf unsere Tage gekommen, nur noch zeitgenössische Stiche vermitteln ein Bild.

Diese Zeit erst entdeckt so richtig die Vernunft und erkennt mit Stolz, daß methodisches Denken die Geheimnisse der Schöpfung zu enträtseln vermag. »Wissen ist Macht« – Roger Bacons (1561–1626) plakativer Satz steht wie ein Werbeslogan über der Epoche.

Nichts ist mehr sicher vor dem Zugriff der Vernunft, alles kann bezweifelt werden, und philosophisch konsequent bedeutet dies: auch wenn ich alles bezweifle, ableugne, so bin doch ich es immer noch, der dies tut. »Dubito ergo sum«, ich zweifle, also bin ich; und weil alles Zweifeln Denken ist: »Cogito ergo sum«, ich denke, also bin ich. René Descartes (1596–1650) hat diese berühmten Sätze formuliert. Alle Erkenntnisse müssen sich vor der Vernunft als dem »höchsten Richter und Führer«, das heißt vor dem rational denkenden Menschen als richtig ausweisen. Für Baruch Spinoza (1632–1677) ist Gott nicht die über der Schöpfung stehende Persönlichkeit. Er ist mit der Welt identisch, ist in ihr als logische Gesetzmäßigkeit, und »ihn zu erkennen, gibt es nur einen Weg, die logisch-rationale Methode«. Auch für Gottfried Wilhelm Leibniz (1646–1716), Mathematiker und Philosoph, seit 1676 in Diensten des Hauses Braunschweig-Lüneburg zu Hannover, durchdringt Gott das All, aber als Leben und Bewegung. Gott ist der Inbegriff vollkommener Klarheit und Ordnung. Von Ewigkeit her und allgegenwärtig besteht eine »prästabilierte Harmonie«, der letzte Grund aller Wahrheiten ist im Willen Gottes zu sehen, der nur die »beste aller möglichen Welten« schaffen konnte.

Mathematik und Naturwissenschaften erfreuen sich größter Wertschätzung. Galileo Galilei, Johannes Kepler und Isaac Newton revolutionieren Physik und Astronomie. Barock – das ist das »Heldenzeitalter der Naturwissenschaften« (Egon Friedell). Die Kirche erhob Geschrei. Galilei und Kepler hatten es auszuhalten. Barock – das ist auch das Zeitalter stärkster Gegensätze: Hie kälteste Vernunft, da überschwenglichste Leidenschaft; hie tiefsinnigste Gedanken, da plattestes Vergnügen. »Der Wein begeistert mich ein gutes Lied zu machen. Wer kaltes Wasser trinkt, der schreibt auch kalte Sachen« (Andreas Tscherning). »Du siehst, wohin Du siehst, nur Eitelkeit auf Erden. Was dieser heute baut/reißt jener morgen ein« (Andreas Gryphius). Weltsucht und Weltflucht in einem, das ist Barock.

Wiege der Kultur – Klöster und Residenzen

Fürstenhöfe waren seit jeher Zentren der Kultur, und damit auch Zentren des Mäzenatentums. So auch der welfische. Heinrich der Löwe zum Beispiel hat in dieser Hinsicht Ehre eingelegt, indem er zwei prachtvolle Handschriften in Auftrag gab: Zum einen ist es ein Psalter, von dem nur noch Fragmente erhalten sind, welche die British Library in London verwahrt; die andere ist das »Gmundener Evangeliar«, entstanden um 1188. Ein welfischer Ministeriale schrieb nach einer französischen Vorlage den ersten deutschen Tristan-Roman, Jahrzehnte bevor Gottfried von Straßburg zur Feder griff. Der Pfaffe Konrad, ein Kanzleibeamter, schrieb in herzoglichem Auftrag das deutsche Rolandslied. Wichtiger noch war der »Lucidarius«, den ihm seine Braunschweiger Hofkapläne zusammenstellten. Es handelt sich um eine Enzyklopädie des damaligen Wissens, die sie in Prosa – das war das eigentlich Neue – verfaßten.

Bis zum 12. Jahrhundert war der Kaiserhof der einzige Ort der Literatur außerhalb der Klöster und Stifte (nach Bumke, Seite 639). Mäzenatentum und die Bildung einer Residenz gehen durchaus zusammen. Die Gebäude der Residenz bedingen, daß sich ein Hofstaat etablieren kann, der nun wiederum als Publikum für die literarischen Produkte in Frage kommt.

Der Welfenschatz ist, was seine Gegenstände und sein Schicksal betrifft, eine eigene Darstellung wert, doch kann das an dieser Stelle nicht erörtert werden. Gertrud, die brunonische Gräfin, hat den Grundstock gelegt, Heinrich der Löwe ihn wesentlich vergrößert, 1482 enthält er bereits 140 Reliquiare – den Reliquienarm des hl. Blasius – und drei weitere Objekte – stellt das Herzog

Das Staatstheater, eingeweiht 1861, erinnert an Renaissance-Stadtpaläste der Toskana. Bühne und Zuschauerraum bilden den herausragenden Kern des Gebäudes, das im Westen und Osten mit je einem quergestellten Bau abgeschlossen wird. Aus der symmetrisch gestalteten Fassade springt der Eingangsbereich mit der heute verglasten Auffahrt und dem darüberliegenden Balkon hervor. Unter der Stabführung von Franz Abt wurden im damals noch als Hoftheater bezeichneten Haus zum ersten Mal Wagneropern aufgeführt.

Theaterwall

Anton Ulrich-Museum in Burg Dankwarderode aus. Es ist das einzige Stück des Schatzes, das nach der Eroberung der Stadt im Jahr 1671 in Braunschweig bleiben durfte. Nach vielen Irrfahrten befindet sich das, was vom Schatz noch übrig geblieben ist, heute im Kunstgewerbemuseum Berlin.

Auch unter den Söhnen Heinrichs des Löwen gediehen Kunst und Literatur. Pfalzgraf Heinrich zum Beispiel hat wahrscheinlich das berühmte Grabdenkmal seiner Eltern im Dom anfertigen lassen. Sein jüngerer Bruder Otto, der 1198 zum König, 1209 nach großen Schwierigkeiten zum Kaiser gekrönt wurde, setzte die Stiftertradition seines Hauses fort. Kloster Riddagshausen erfreute sich seiner Gunst; die Geschichtsschreibung in St. Aegidien blühte (»Annales Sancti Aegidii«, nur noch in Auszügen erhalten), wie sie es schon unter Heinrich dem Löwen getan hatte. Dieser Herzog ließ auch Chroniken sammeln. Otto ließ den Dom ausmalen.

Viel Gelegenheit, den Braunschweiger Hof zu seinem eigenen kaiserlichen Kulturzentrum auszubauen, hatte Otto IV. nicht, er starb 1218; »hochmütig und dumm«, wie ihn ein Zeitgenosse charakterisierte. Aber der war Parteigänger der Staufer.

Turnier und Gralsfest – wenn Adel und Bürger feiern

Zu Pfingsten 1209 veranstaltete Otto ein Turnier in Braunschweig. Noch war er nicht Kaiser, am Kaisermantel wurde noch gestickt (das restaurierte Stück ist im Herzog Anton Ulrich-Museum, Burg Dankwarderode, zu besichtigen), aber er hatte schon den Zenit seiner Macht erklommen.

Ein Turnier zu veranstalten, vielleicht sogar selber daran teilzunehmen, war das reinste Vergnügen für einen Fürsten. Die knochenbrechenden Reiterspiele erfreuten sich großer Beliebtheit beim Adel; konnte man doch vorführen, wie wacker man zu kämpfen verstand, wie fest man im Sattel saß. Und überdies winkten dem Sieger neben Ruhm und Ehre ansehnliche Preise. Manchmal wohl gar eine Dame, wie ein Dichter zu berichten weiß. Aber da hat er möglicherweise gelogen.

Von einem Gralsfest ohne Reiterspiele, ausgerichtet von der Stadt Braunschweig zu Pfingsten 1463, berichtet der Chronist Tileman Zierenberg (gestorben 1503): Alle sieben Jahre feiern Braunschweigs Bürger in den Pfingsttagen dieses Fest, angemessen dem Ruhm und Glanz ihrer Stadt. Die Bürger des Hagen richten es aus. Außerhalb der Mauern wird eine Wiese zum Festplatz gewählt. Der Rat lädt Braunschweigs Herzog, Edle, Ritter und die Nachbarstädte ein. Alles strömt herbei von fern und nah; man ist lustig und guter Dinge, und zur Musik von Pfeifen, Pauken und Trompeten und Schalmeien tanzt die Jugend ausgelassen herum. Die eingeladenen Gäste der Stadt werden aufs beste bewirtet.

Und weiter: Wenig später, am 25. Juli 1463, zieht der neugewählte Erzbischof Heinrich von Bremen in Braunschweig ein, in seinem Gefolge mehrere Fürsten und Herren, darunter Herzog Heinrich der Friedsame von Braunschweig und sein Bruder Wilhelm. Sie richten ein Turnier aus. Der Platz für solche Veranstaltungen liegt vor dem Fallersleber Tor, er wird schon um 1350 erwähnt; das andere Turnierfeld ist der Rennelberg vor dem Petritor. Hier versammelten sich auch die Braunschweiger Bürger bei ihren Waffenübungen (nach Dürre, Seite 234 und 648).

Renaissanceportal von 1592 am Aula-Eingang des Gymnasiums Martino-Katharineum. Das ungewöhnlich reich dekorierte Portal wurde ursprünglich beim Umbau der Martinsschule am Bankplatz geschaffen. Die im Jahr 1828 vereinigten Schulen Martineum und Katharineum bezogen 1869 ein Gebäude in der Breiten Straße, das 1944 zerstört wurde. Gerettet werden konnte das wertvolle Portal; es wurde 1953 in den Schulneubau eingefügt. Hermenpfeiler tragen einen tempelartigen Giebel, auf dem sich personifizierte Künste tummeln. Das Relief in der Mitte gibt die Szene wieder, in der der heilige Martin seinen Mantel mit einem Bettler teilt.

Diese drei Bücher gehören zu den Kostbarkeiten der wissenschaftlichen Stadtbibliothek. Der mittlere Band ist ein Wiegendruck von 1471 und enthält einen juristischen Text. Die beiden anderen sind Handschriften des 15. Jahrhunderts. Auch sie geben Rechtstexte wieder, und zwar die für die Übernahme des römischen Rechts so wichtigen Digesten (rechts), eine Sammlung römischer Rechtsquellen, und (links) eine bedeutende Arbeit zum spätmittelalterlichen Kirchenrecht.

Wie vordem die Fürsten es dem Kaiser gleichzutun versuchten, so taten es jetzt die Bürger mit Blick auf den Adel: Sie ahmten nach, was sie als Vorbild empfanden; versuchten womöglich, es noch zu übertreffen.

Der königliche Kaufmann – Aufstieg eines Standes

Ein Moment freilich darf nicht übersehen werden: Höfischen Sitten und Geschmack nachzueifern, ist eine Sache; bleibt es dabei, wirkt es jedoch schließlich nur noch lächerlich und reizt die Spottlust. Aus dem Nacheifern ist ein Nachäffen geworden, nichts als hohle Geste. Gelingt es aber, sich das Vorbild anzuverwandeln, es sich gewissermaßen einzuschmelzen, wird aus dem Haben ein Sein. Und das ist die eigentliche Leistung des Bürgertums, des handeltreibenden Großbürgertums, wie wir einschränkend sagen müssen. Der Kaufmann wird zum »königlichen Kaufmann« (an dieser Stelle in einer anderen Bedeutung als der sonst üblichen benutzt); er tut nicht nur so, er ist es. Er ist es dank seiner Tüchtigkeit, er hat Konkurrenten ausgeschaltet, und er hat vielleicht auch Glück gehabt, das ja bekanntlich dem Tüchtigen zur Seite steht. Man spricht von Patrizier-Geschlechtern – »Geschlechtern«, ganz so wie bei denen von Geblütsadel. Diese Seinsqualität begründet des Bürgers Aufstieg zu einem neuen Stand; diese Seinsqualität macht ihn zu einem politischen Menschen, der sich seinen eigenen Staat baut: die Stadt. Die Stadt ist der Beitrag des Bürgers zur politischen Kultur.

Cyriacus Kale, braunschweigischer Kaufmann am Stalhof zu London, läßt sich von Hans Holbein dem Jüngeren in herrscherlicher Pose malen. Hoheitsvoll und distanzgebietend blickt er noch heute den Besucher des Herzog Anton Ulrich-Museums an. Signum seiner Würde ist die kaufmännische Korrespondenz. So sehen Holbeins Hanse-Kaufleute alle aus: ernst, hoheitsvoll, distanziert den Betrachter abschätzend: die Georg Gisze aus Danzig (Berlin), Hermann Wedigh aus Köln (New York), Dirk Tybis aus Duisburg (Wien) und die anderen, die heute die Gemäldegalerien der Welt zieren.

Wie die Fürsten, so gerieren sich auch die Kaufleute als Mäzene und »spiegeln über das Engagement des einzelnen und die ständische Repräsentation hinaus den Geist einer Körperschaft ...« (Löcher, Seite 667).

Gleiches gilt für das Braunschweiger Großbürgertum, das sich im letzten Drittel des 16. Jahrhunderts von Ludger tom Ring dem Jüngeren malen ließ. Der Künstler, aus einer in Münster/Westfalen beheimateten Malerfamilie stammend, hatte die Stadt wahrscheinlich aus religiösen Gründen verlassen. Er hing Luthers Lehre an; Münster war zum Zentrum der Gegenreformation geworden, nachdem der Bischof das »Reich der Wiedertäufer« blutig zerschlagen hatte. Wie Holbein hielt sich auch Ludger tom Ring im Stalhof, der Londoner Hanseniederlassung, auf und porträtierte Kaufleute; Holbein freilich war zu der Zeit schon gestorben. Tom Rings Auftraggeber kommen, nachdem er nach Deutschland zurückgekehrt ist, aus dem Landadel. Er führt ein Wanderleben, läßt sich dann aber 1569 in Braunschweig nieder, erwirbt das Bürgerrecht und heiratet, mittlerweile fünfzigjährig, eine Witwe. In seiner Werkstatt entstehen zahlreiche Gemälde, darunter die Ehepaare Reinhard Reiners und Ehefrau Gese (1659), Tile III. von Vechelde mit Dorothea (1571) und Heinrich von Peine mit Magdalena (1572). Sie alle gehören dem Braunschweiger Patriziat an.

Kirche des ehemaligen Zisterzienserklosters Riddagshausen, von Osten gesehen. Das Kloster wurde 1145 gegründet, mit dem Bau der Kirche begannen die Mönche wahrscheinlich 1216, die Weihe des Gotteshauses erfolgte 1275. In harmonischer Geschlossenheit bietet es sich den Blicken dar. Die einzelnen Baugruppen staffeln sich, als wüchsen sie aus der Erde empor. Der äußere Kapellenkranz umschließt den Chorumgang, der wiederum den Chor einfaßt. Chor und Querhausarme mit ihren Satteldächern durchdringen sich und werden von einem großen Dachreiter bekrönt. Stilistisch gehörte die Kirche ursprünglich der Romanik an. Während der Bauzeit wurden aber schon gotische Elemente wie spitzbogige Fenster verwendet.

Nordöstlicher Vierungspfeiler in der Klosterkirche Riddagshausen (oben). Den oberen Abschluß von Pfeilern und Säulen bilden Kapitelle; über ihnen beginnt der Bogenlauf. Sie sind ausgestattet mit Palmetten-, Knospen- und Schilfblattdekor (oben, von links). Das Bild unten zeigt eine Akanthuskonsole und ein Knospenkapitell. Die Gestaltung weist unter anderem auf burgundische Vorbilder hin.

Büste des Johann Friedrich Wilhelm Jerusalem (1709–1789) in der Klosterkirche Riddagshausen. Der Theologe und Abt des nach dem Dreißigjährigen Krieg in eine herzogliche Domäne umgewandelten Klosters war einflußreicher Berater Herzog Karls I. Er baute das Schulwesen aus und gründete das Collegium Carolinum, Vorläufer der Technischen Universität.

Klosterkirche Riddagshausen, Blick Richtung Altar. An diesem in der romanischen Epoche konzipierten Bau wird der Stilwandel zur Gotik sichtbar. Der ursprüngliche Bauplan wurde geändert und vor allem das Mittelschiff (Foto) im 13. Jahrhundert dem modernen Empfinden angepaßt. Anstelle eines romanischen Kreuzgratgewölbes konstruierte man das gotische Kreuzrippengewölbe. Spitzbogige Arkaden wurden gebaut und innerhalb dieser das Kelchkapitell verwendet. Der Lettner in Bildmitte diente bis zur Aufhebung des Klosters dazu, die Mönche von den Laien zu trennen. Heute hat er eine dekorative Funktion.

Außerdem hat er den Braunschweiger Superintendenten Martin Chemnitz nebst Gemahlin abgebildet (1659).

Für das Ehepaar Reiners (Herzog Anton Ulrich-Museum) gilt, was schon über die Stalhof-Kaufleute gesagt wurde: sie sind respektheischende Repräsentanten ihres Standes; selbstbewußt, ohne aufdringlich zu wirken, in gelassener Selbstverständlichkeit sich in ihren besten Kleidern präsentierend.

Bis ins 13. Jahrhundert hinein war es üblich, daß der Kaufmann seine Waren auf den Handelsreisen selbst begleitete. Er konnte im Regelfall weder lesen noch schreiben, und das Rechnungswesen steckte in den Anfängen. Das änderte sich allmählich, und schließlich blieb der Kaufmann zu Hause. Der Handelsmann war seßhaft geworden und konnte nun per Schriftverkehr seine Geschäfte vom heimischen Kontor aus, der Scrivekamere, abwickeln und auf diese Weise auch mehrere Unternehmungen in verschiedenen Städten gleichzeitig betreiben. Er versah das ausgehende Gut mit einem Handzeichen, vertraute es seinem Kaufgesellen oder einem Schiffskapitän an, die es am Bestimmungsort einem Vertreter des Handelsherrn übergaben. In eben jener Zeit wurden städtische Bücher öffentlichen Glaubens angelegt, und in diesen kaufmännische Kreditgeschäfte und Verträge unter der Garantie der Stadt eingetragen. Der Kaufmann begann, Rechnungsbücher zu führen.

Indes waren die Urteile über seine Leistung (Uraufführung des »Faust« durch Klingemann) geteilt. Dem »Mitternachtsblatt« hat sie nicht imponiert, scharf wird das deklamatorisch hohle Pathos des Eingangsmonologs getadelt, während Th. Hells »Abendztg.« sich schreiben ließ, sie sei meisterhaft gewesen. Namentlich wird der Übergang aus dem dumpfen Mönchsbrüten in das heitere Getriebe des Genußlebens als mustergültig gerühmt.

Fritz Hartmann
(1866–1937)

Die Lateinschule – Starthilfe für Aufsteiger

Diese Wandlung war nur dank der Entwicklung des Schulwesens möglich geworden (Dollinger, Seite 216). Der Kaufmannsstand benötigte Schulen, die den Nachwuchs in den elementaren Kulturtechniken Lesen, Schreiben, Rechnen unterrichteten, und zwar in dem Maße, wie es nötig war, die eigentliche kaufmännische, praktische Ausbildung darauf aufbauen zu können. Wir müssen es mit diesem pauschalen Hinweis bewenden lassen.

Vorhanden waren seit altersher die beiden Stiftsschulen von St. Blasii und St. Cyriakus sowie die Klosterschule St. Aegidien. Dann traten 1420 die beiden städtischen Schulen St. Martini und St. Katharinen hinzu. Sie alle waren Lateinschulen und grundsätzlich darauf ausgerichtet, den Klerikernachwuchs heranzubilden. Woran freilich der kaufmännischen Oberschicht nur bedingt gelegen war. Sicher war es höchst nützlich, wenn ein Familienmitglied, ein Sohn, geistlichen Standes wurde; er war am wirkungsvollsten in der Lage, zum Seelenheil seiner Eltern, Geschwister und sonstiger Verwandter beizutragen (siehe Kapitel »Wenn Steine sprechen könnten ...«). Ein anderer Sohn aber konnte sich unter Umständen noch nützlicher für die Familie machen, indem er in das väterliche Geschäft eintrat und es womöglich weiterführte. Beide Brüder lernten dasselbe. Lesen und Schreiben stand auf dem Programm und dies in lateinischer Sprache, weil die gesamte Bildung auf Kenntnis und Beherrschung dieser Sprache fußte. Daneben wurde wohl auch noch die Rechenfertigkeit geübt. Unterrichtet wurden die Schüler von der Geistlichkeit, die als einzige den Lehrstoff beherrschte: die lateinische Sprache, wie gesagt, die mit Hilfe der Klassiker- und Kirchenliteratur erlernt wurde. Außerdem spielte der Unterricht in geistlicher Musik eine nicht unerhebliche Rolle, denn die Schüler hatten im ein- und mehrstimmigen Kirchengesang sowie beim gregorianischen Chorsingen mitzuwirken.

Das 1934 eingemeindete Dorf Riddagshausen gehört mit seinen Teichen, Niederungen und Gehölzen zum Grüngürtel Braunschweigs. Die Teichlandschaft ist Naturschutzgebiet, seit 1965 sogar Europareservat. Es ist eine erholsame Gegend, sie lädt zu ausgedehnten Spaziergängen ein. Der Anblick der Wasserflächen mit den begrünten Ufern, die zahlreichen Vogelstimmen, die schattigen Wege – dies alles tut Auge und Ohr wohl. Bekannt geworden als Spaziergänger sind die »Kleiderseller«, zu denen auch der Dichter Wilhelm Raabe gehörte. Sie besuchten regelmäßig jeden Donnerstag das Lokal »Zum Grünen Jäger« und benutzten den Weg entlang der Klostermauer. Eine Keramikplatte in der Mauer erinnert daran.

Die Lateinschulen lehrten den ersten Teil der sogenannten Sieben Freien Künste. Es war das Trivium, das die Fertigkeit vermitteln sollte, sich klar und schön auszudrücken. Es enthielt Grammatik (das heißt Latein), Rhetorik (die Redekunst) und Dialektik (das ist Logik). Der zweite Teil, das sogenannte Quadrivium, zu dem Arithmetik, Musik, Geometrie und Astronomie gehörten, war dem Universitätsstudium vorbehalten. Neben den Lateinschulen gab es noch zwei »deutsche Jungenschulen«, es waren Schulen, die lediglich im Lesen, Schreiben und Rechnen unterrichteten und außerdem evangelischen Religionsunterricht erteilten. Mit der Schulausbildung der Mädchen war es ganz schlecht bestellt. Es gab vier sogenannte Jungfrauenschulen, in denen vor allem Religion unterrichtet wurde und daneben noch ein bißchen Lesen. Eine Schulpflicht bestand weder für Jungen noch für Mädchen.

Mit meinem Eintritt in das Collegium Carolinum eröffnete sich mir gleichsam eine neue Welt. Wie himmelweit war hier Alles von der Schule unterschieden, in welcher ich bisher meinen Unterricht genossen hatte. Die Lehrer, zum größten Teil Männer, deren Namen durch ganz Deutschland mit hoher Ehre genannt wurden und, was noch mehr, die von Klopstock in seinen Oden verewigt waren, erschienen vor uns im Bewußtseyn ihrer Würde mit dem Anstande von Weltmännern ... Mit Recht war zu der Zeit das Carolinum durch ganz Deutschland, selbst durch einen bedeutenden Theil des übrigen Europa, berühmt.

Friedrich Karl von Strombeck (1771–1848)

Die Reformation in Braunschweig, endgültig durchgesetzt 1529, brachte keine umwälzenden Änderungen im Unterricht. Johannes Bugenhagen, als Reformator in die Stadt gerufen, sorgte für den Durchbruch der neuen Lehre und hatte schon 1528 eine Kirchenordnung niedergeschrieben, in der er sich auch zum Schulwesen äußerte. Den Lutheranern war wesentlich an einem Elementarunterricht für alle Teile der Bevölkerung gelegen, nicht zuletzt auch deshalb, damit sie die Bibel lesen konnten (von der es damals nur wenige Exemplare gab, und die waren kostbar). Martineum und Katharineum – 1528 zum Martino-Katharineum vereint – wechselten als städtische Schulen sofort das Lager und wurden evangelisch; St. Aegidien folgte 1535, nachdem das Kloster sich aufgelöst hatte. Zum katholischen Glauben bekannten sich bis auf weiteres St. Blasii und St. Cyriakus. Die Oberaufsicht über die Schulen blieb kirchlich, nur, daß jetzt evangelische Geistliche, der Superintendent und sein Koadjutor, die Verantwortung übernahmen.

Bildung und Ausbildung wurden im 18. Jahrhundert zunehmend wichtiger. »Aufklärung« wurde zum Schlagwort der Epoche, der kulturhistorischen und geistesgeschichtlichen Fortsetzung des rationalistischen, absolutistischen Barocks. Die Gedanken finden jetzt weite Verbreitung, denn sie werden vom Lateinischen in die Landessprache übertragen und vom Adel wie vom Bürgertum begierig aufgenommen. Ein neues Weltbild ist entstanden. Man glaubt nicht mehr an einen Gott, der sich offenbart hat, verwirft die Sakramente, die Autorität der Heiligen Schrift und die Dogmen. Lediglich an der Vorstellung eines Gottes hält man fest, der Schöpfer des Weltalls ist, die Quelle alles Guten, und dessen Existenz man vermöge der Vernunft erschließen kann. Das Zeitalter ist vollkommen säkularisiert, grenzenloser Optimismus und grenzenloser Glaube an die Vernunft herrschen, Glaube auch daran, daß der rationalen Erkenntnis auch deren praktische Ausführung folgen werde. Vorausgesetzt wird dabei, daß die Menschen von Natur aus gut seien – dies ganz im Gegensatz zu Conrings und Hobbes' Zeiten – und daß sie mit gleichen Fähigkeiten ausgestattet seien. Aufklärung durch die Erleuchtung philosophischen Denkens, eine vernünftige Erziehung, welche die natürlichen guten Anlagen entfaltet, werden genügen, alle Mißstände zu beseitigen. Die aufklärerischen Ziele lauten: Tugend, Menschenwürde, Humanität, Gedankenfreiheit, Förderung der Wohlfahrt aller, Hebung der Gesittung.

Das 1145 gegründete Zisterzienser-Kloster Riddagshausen öffnete sich erst 1568 der Reformation. Als Kloster aufgehoben, wurde es nach dem Dreißigjährigen Krieg in eine herzogliche Domäne umgewandelt. Die Bezeichnung

»Abt« behielt man jedoch bei, und der Titel wurde später dem ranghöchsten Theologen des Fürstentums verliehen, dem Oberhofprediger. Einer ragt aus deren Mitte hervor: Abt Johann Friedrich Wilhelm Jerusalem (1709–1789). Geboren in Osnabrück, hatte er in Leipzig und Wittenberg studiert, sich mehrere Jahre in Holland und England aufgehalten, wurde 1742 Hofprediger und Erzieher des damals siebenjährigen Erbprinzen Karl Wilhelm Ferdinand, schließlich 1752 Abt von Riddagshausen.

In effektiver Eintracht – Herzog Karl und Abt Jerusalem

Herzog Karl I. nutzte die Kenntnisse des klugen, gebildeten und vorausschauenden Mannes, der durch seinen guten Rat großen Einfluß gewann. Der Fürst zeigte sich den Ideen der Aufklärung zugetan, wohl nicht zuletzt auch deswegen, weil sein Schwager, Preußens König Friedrich II., sich zu einem europäischen Repräsentanten des »aufgeklärten« Absolutismus entwickelt hatte. Karl versuchte, die öffentliche Wohlfahrt zu fördern, indem er unter anderem für die Ansiedlung von Manufakturen sorgte. Auf Betreiben Jerusalems ließ der Herzog die Armenpflege ausbauen und effektiver gestalten; es entstand das Collegium Medicum und das Anatomisch-Chirurgische Institut. Die Straßen Braunschweigs wurden gepflastert und Bürgersteige angelegt, die Straßenbeleuchtung eingerichtet und anderes mehr. Vor allem aber war ihm – und Jerusalem – die Volksbildung wichtig. 1753 erließ er Schulgesetze, die eine Schulpflicht (viertes bis vierzehntes Lebensjahr) in den Elementarfächern festschrieb, nachdem er zwei Jahre zuvor ein Lehrerseminar gegründet hatte.

Jerusalems Paradestück aber war das Collegium Carolinum, dessen Gründung er 1745 veranlaßt hat. Es war eine hohe Schule, halb noch Gymnasium, halb schon Universität, an der Geisteswissenschaften, »Schöne Künste« und technische Fächer gelehrt wurden, also fast so etwas wie eine Gesamt(hoch)-schule. Der Initiator schrieb: »Aber nicht die Wissenschaften allein machen den Ruf des Collegiums aus; dies tut vielmehr das besondere Verdienst der Professoren, welche sie lehren. Diejenigen wenigstens, die Sprachen und Schöne Wissenschaften lehren, sind als die ersten Deutschlands bekannt. Es sind dies die Herren Gärtner, Ebert und Zachariae für die Alten und Neuen Schönen Wissenschaften sowie besonders für Sprachen und deutsche und englische Literatur. Es ist Herr Mauvillon für die französische und Herr Grattinara für die italienische Sprache. Die anderen Professoren, welche sowohl Geschichte und europäische Politik als auch Mathematik und Naturphilosophie lehren, haben ebenfalls hervorragendes Verdienst ... die Lehrer für Zeichnen, Musik, Fechten und Tanzen sind gleichfalls die geschicktesten.«

Das Braunschweigische Carolinum ist eine der vorzüglichsten und ersten Erziehungs-Anstalten, die Teutschland aufzuweisen hat, aber wird nicht mehr so stark besucht, wie ehemals. Die Erziehung in dieser Anstalt ist auch eben nicht die wohlfeilste. Von Zeit zu Zeit werden einige Engländer, und junge reiche teutsche Cavaliere darin gebildet.

Johann Hermann Stöver (1789)

Die meisten dieser Herren sind vergessen oder nur noch einem kleinen Kreis von Fachleuten bekannt. Damals aber galten die Namen etwas; sie machten das Collegium Carolinum weit über die Grenzen von Stadt und Land bekannt. Es waren samt und sonders von aufklärerischen Gedanken durchdrungene Köpfe; ihnen – und Abt Jerusalem, der sie als Lehrer gewinnen konnte – verdankt Braunschweig, daß es zu einem Zentrum der Aufklärung wurde. Zu diesem Kreis stieß Lessing. »Eigentlich ist es der Erbprinz, welcher mich hierher gebracht«, schreibt Gotthold Ephraim Lessing (1729–1781) seinem Vater. »Er ließ mich auf gnädigste Art zu sich einladen; und ihm allein habe ich es zu

Klingemann-Gedenktafel im Papenstieg. August Klingemann verfaßte zahlreiche Dramen und schrieb Romane. Größere Wirkung aber erreichte er als Theaterdirektor, zunächst des »Nationaltheaters«, seit 1826 dann des »Hoftheaters«. Klingemann brachte 1829 Goethes »Faust« zum ersten Mal auf eine öffentliche Bühne.

Denkmal am Gaußberg. Der Mathematiker und Astronom gilt als Braunschweigs berühmtester Sohn. Carl Friedrich Gauß war Schüler des Collegium Carolinum und studierte in Göttingen, wo er 1807 Professor und Direktor der Sternwarte wurde. Gauß entwickelte unter anderem die Grundlagen zur algebraischen Zahlentheorie, schuf eine Methode zur Bahnberechnung von Himmelskörpern und baute mit Wilhelm Weber den ersten elektromagnetischen Telegrafen.

Das Bronzerelief des Hofkapellmeisters und Komponisten Franz Abt (1819–1882) auf einer steinernen Stele befindet sich im Theaterpark. Der Musiker förderte den Chorgesang indem er eine »Singakademie« gründete und die Leitung des »Braunschweiger Männergesangvereins« übernahm. Abt war es, der das Werk Richard Wagners in Braunschweig durchsetzte.

Gedenktafel für Albert Gottlieb Methfessel (1785–1869), Am Magnitor 7. Der Musiker wirkte von 1832 bis 1841 als Hofkapellmeister und komponierte darüber hinaus Opern und Instrumentalwerke. Am bekanntesten wurde er durch seine volkstümlichen Lieder und das 1818 erschienene »Allgemeine Commers- und Liederbuch«.

Braunschweigs großer Dichterin Ricarda Huch gedenkt diese Tafel, die an der Aussichtsrotunde im Inselwallpark angebracht ist. Hier stand ihr Geburtshaus. Ricarda Huch machte sich einen Namen mit historischen Romanen und Biographien. Sie erhielt 1944 den Wilhelm-Raabe-Preis der Stadt Braunschweig. An den Dichter Wilhelm Raabe (1831–1910) erinnern außer dem Literaturpreis und dem Gedenkstein auf dem Magnikirchplatz je eine nach ihm benannte Straße in Braunschweig, Bienrode und Rüningen, eine Schule, die Raabe-Gesellschaft sowie eine Gedächtnisstätte in der Leonhardstraße, wo er seine letzten Jahre verbrachte.

Der für das Zeitalter der Aufklärung ungemein wichtige Gotthold Ephraim Lessing (1729–1781) starb in Braunschweig und wurde auf dem Magnifriedhof beerdigt. Er wurde 1770 Leiter der berühmten Wolfenbütteler Bibliothek, fühlte sich aber nicht sonderlich glücklich in dieser Stellung. Lessing, der unerschütterlich an die Vernunft glaubte, vollendete hier »Emilia Galotti« und schrieb neben anderen Werken »Nathan der Weise«.

danken, daß die Stelle des Bibliothekars, welche gar nicht leer war, für mich eigentlich leer gemacht ward.« Er ist froh über die Anstellung; er ist weniger froh darüber, daß er Hamburg hat verlassen müssen. Schulden hat er hinterlassen, und um die ärgste Not abzuwenden, hat er seine Bücher verkaufen müssen; das ist ihn hart angekommen.

Die Bibliothek in Wolfenbüttel genießt schon damals Weltruf. Herzog August der Jüngere, er regiert von 1635 bis 1666, ist ein gelehrter und höchst kunstsinniger Mann, vor allem aber liebt er Bücher und läßt sich seine Leidenschaft ein Vermögen kosten. Die Bibliotheca Augusta ist eine der bedeutendsten Sammlungen bis auf den heutigen Tag. »Der seit Gründung der Bibliothek im Jahre 1572 gesammelte Bücherbestand umfaßt als wertvollste Grundlage für die Forschung einen Bestand von circa 415 000 Drucken (davon 5000 Inkunabeln) vom Beginn des Buchdrucks im 15. Jahrhundert bis 1830. Dazu kommen circa 3000 Bände Forschungsliteratur, von denen zur Zeit circa 100 000 Bände in die Handbibliothek des Zeughauses überführt sind.« (Kelsch/ Lange, Seite 36).

Ein Fackelträger der Aufklärung – Lessing in Herzogs Diensten

Nur der Zufall verschlug einen der größten Männer Deutschlands nach der alten Löwenstadt: Lessing, dessen Sterbehaus und Grab Braunschweig besitzt ... Hier im geselligen Kreise fühlte sich Lessing wohler als in Wolfenbüttel, wo ihm der Erbprinz die kümmerliche Zuflucht geboten hatte. In Wolfenbüttel drückte ihn die Residenzluft; in Braunschweig mochte er immerhin, von erhabenen Monumenten und stolzen Häusern ausgehend, den Geist eines aufrechten, kampfesfrohen Volkes spüren.

Ricarda Huch
(1864–1947)

Nach Wolfenbüttel ist Lessing deshalb gezogen, weil er endlich Eva König, Witwe eines Hamburger Seidenhändlers und Tapetenfabrikanten, heiraten wollte und dazu eine finanziell abgesicherte Existenz benötigte. Er tritt seinen Dienst im Jahr 1770 an, hochgemut und voller Zuversicht. Sollte er sich je Illusionen über sein Dasein als herzoglicher Bibliothekar gemacht haben, so holt ihn die Wirklichkeit rasch ein. Lessing, berühmter Schriftsteller, gefürchteter Kritiker, geachteter Gelehrter; Lessing, ein König in seinem Reich – zum Bittsteller ist er geworden, der jahrelang auf das zugesicherte Salär warten muß; der jahrelang seine Heirat hinausschieben muß. »Schlechterdings will ich in der elenden Lage, in der ich mich hier befinde, kein Jahr länger aushalten, es komme wohin es wolle«, notiert er zornig.

Erbprinz Karl Wilhelm Ferdinand, Zögling Abt Jerusalems, aufklärerischen Gedanken womöglich noch mehr zugeneigt als sein Vater Karl I. und seit etwa 1770 de facto regierendes Haupt, blickt in leere Kassen. Was ihn durchaus nicht hindert, das Leben eines Rokokofürsten zu führen. »Als Braunschweiger Regent büßt er den Nachruhm ein, der Lessings wirklichen Förderern und wahren Gönnern gebührt. Lessing wird das Opfer der unerquicklichen Zustände, des schwankenden Charakters, der Knauserei, die ein Verschwender übt« (Drews, Seite 118).

Er schreibt »Emilia Galotti« und verlegt die Handlung sicherheitshalber nach Italien. Ein Prinz stellt mit List und Tücke der Emilia nach und bringt sie in seine Gewalt. Ihr Vater erdolcht sie, um sie vor Schande zu bewahren. »Nicht gegen den Fürsten konnte Odoardo, der Vater, den Dolch zücken. Er bleibt der Bürger, der leidend opfern muß und sich frivoler Willkür nicht anders erwehren kann.« Das Drama bleibt »im Raum der bürgerlichen Tragödie auf dem Hintergrund eines entarteten Absolutismus« (Martini, Seite 205).

Lessing erntet Beifall in Braunschweig bei der Uraufführung im März 1772. Die Uraufführung im Hoftheater zu Wien war mißlungen. Noch nie hat sich Kaiser Joseph so amüsiert wie bei dieser Tragödie. Er hatte sie gründlich

Bronzetafel an der Kielhornschule, Reichsstraße. Der Pädagoge, dessen Namen die Schule trägt, hat sich um minderbegabte Kinder verdient gemacht. Braunschweig richtete 1881 eine Hilfsklasse ein, die Heinrich Kielhorn zur Hilfsschule ausbaute und damit ein Modell entwickelte, das sich auch im Deutschen Reich durchsetzte.

Der Politiker und Getreidehändler Wilhelm Bracke gehörte zu den Gründern der Sozialdemokratischen Arbeiterpartei und wurde 1870 mit weiteren fünf Genossen inhaftiert, weil er gegen die Fortsetzung des Deutsch-Französischen Kriegs protestiert hatte. Bracke gab die Zeitung »Braunschweiger Volksfreund« heraus und wurde als erster Sozialdemokrat Mitglied der Stadtverordnetenversammlung. Die Gedenktafel von 1969 befindet sich Hintern Brüdern.

Einer der markantesten Politiker Braunschweigs war Heinrich Jasper. Der sozialdemokratische Rechtsanwalt war unter anderem Ministerpräsident des Freistaats Braunschweig und wurde 1933 von den Nazis verhaftet, sechs Jahre später entlassen, aber unter Polizeiaufsicht gestellt, bis man ihn erneut verhaftete. Jasper starb 1945 im KZ Bergen-Belsen. Jakob Hofmann hat das Ehrenmal aus Kalkstein geschaffen. Es steht am Bohlweg.

mißverstanden, und überhaupt: Galt das Thema denn ihnen, den Herrschern des aufgeklärten Absolutismus? Doch wohl nicht. Es durfte gelacht werden. Begriffen hatte man nichts.

Nur knapp zwei Jahrzehnte später zittern die Herrschaften um ihren Thron. Frankreich hatte sich in die Revolution gestürzt für Freiheit, Gleichheit, Brüderlichkeit. Preußen und Österreich schlossen ein Verteidigungsbündnis. Frankreich erklärte Österreich den Krieg, und der Herzog von Braunschweig versuchte sich in Weltgeschichte. Am 25. Juli 1792 erscheint sein Manifest zur Befreiung des französischen Königs, woraufhin die Revolutionäre die Tuilerien stürmen und die königliche Familie festsetzen.

Lessing empfindet einen tiefen Widerspruch zu Leibniz' »bester aller möglichen Welten« angesichts von Krieg, von Mord, von Haß und Niedertracht. Er ringt mit der Möglichkeit, der Geschichte einen Sinn abzugewinnen, obwohl sich fortwährend das Gute ins Böse wandelt, obwohl die Religion, nicht nur die christliche, oft genug in menschenverachtenden Fanatismus umschlägt – wie ist da Sinn hineinzudenken?

In den Schulen, ihr Fürsten! in den Schulen, ihr Väter des Staats! in den Schulen oder nirgends muß man die Werkstatt anlegen, wenn man Menschen veredeln, Gewerbe, Künste und Wissenschaften befördern, und Nahrung und öffentlichen Wohlstand seines Landes erhöhen will!
Wohl mir, und wohl meinen glücklichen Mitbürgern, daß ich dieses in einem Lande schreibe, wo man von dieser grossen Wahrheit innig durchdrungen, ihr nun auch gemäß zu handeln, nicht blos beschlossen, sondern auch schon wirklich angefangen hat!

Joachim Heinrich Campe (1746–1818)

Lessing gewinnt in seiner späten Schrift »Über die Erziehung des Menschengeschlechts« (1780) diese Erkenntnis: Die Geschichte des Christentums ist eine Erziehung des Menschen durch die Weisheit Gottes. Mit Hilfe irdischer Verheißungen habe Gott die Juden im Alten Bund zur Sittlichkeit geführt, im Neuen Testament sie durch die Verheißung jenseitigen Heils erzogen. Auf einer dritten Stufe werde der Mensch »voller Bewußtseinsreife fähig sein, das Gute um des Guten willen zu tun und nicht mehr nur aus Furcht oder Hoffnung« (Martini, Seite 207). »Zur Persönlichkeit und zur Gemeinschaft, zur Herrschaft der Vernunft und der Liebe soll der Mensch erzogen werden« (Aster, Seite 262). Erziehungsmittel sind Religion und Politik.

Lessing hält an der Unsterblichkeit fest und an dem Gedanken der ins Unendliche gehenden Entwicklung des Seelischen. Leben ist Entwicklung, ist fortschreitende Neubildung, ist Fortschreiten ins Unbekannte, ist Streben und Überwinden des jeweils Gewonnenen, auch in der Erkenntnis. Streben nach Wahrheit ist wertvoller als ihr ruhiger Besitz (Aster). Wie ersichtlich, hat sich die Menschheit seit Lessing kaum in seine Richtung bewegt. Er stirbt 1781 während eines seiner zahlreichen Aufenthalte in Braunschweig und wird auf dem Magnifriedhof beerdigt.

Wenige Schritte weiter, umstanden von Bäumen und Strauchwerk, wächst gleichsam ein efeubewachsenes Gorgonenhaupt aus der Erde. Es ist der Grabstein von Joachim Heinrich Campe (1746–1818) und seiner Gemahlin Maria Dorothea. Er bildet den Mittelpunkt zahlreicher Gräber, die sich in zwei konzentrischen Ringen um ihn gruppieren: es sind im wesentlichen die Westermanns und Viewegs.

Campe, der Pädagoge und Menschenfreund, war von der Beschaffenheit, wie ihn sich Lessing möglicherweise gewünscht hätte. Fünf Jahre nach Lessings Tod wird er nach Braunschweig gerufen, damit er das Schulwesen reformiere. Er versucht, es der kirchlichen Bevormundung zu entziehen, scheitert aber an deren Widerstand, auch an dem der Landstände, und Karl Wilhelm Ferdinand war nicht der Mann, Campe durchzusetzen. Er gründet das »Braunschweigische Journal«, eines der radikalsten Sprachrohre der Aufklärung, und er schreibt den Roman »Robinson der Jüngere«. Seither gilt er als Begründer des Jugendbuchs in Deutschland.

Die hehren Ziele, die hochfliegenden Pläne, der Glaube an die Vernunft; Lessing, Campe und all die anderen – was die Philosophie betrifft, so hat sie ein paar Wurzeln schlagen können, freilich eher in den höheren geistigen Regionen. Was aber das richtige Leben betrifft, dem Deutschlands starke Denker noch nie sonderlich zugewandt waren, was also dieses Leben anbelangt, so war es mit der Aufklärungsherrlichkeit alsbald vorbei. Die Restauration in der ersten Hälfte des 19. Jahrhunderts walzte jeden neuen Gedanken platt. Zensur, Polizei und Gericht schüchterten den Untertan ein. Wurde er in den Augen der Obrigkeit dennoch frech, wagte er, Freiheit anzumahnen und Ungerechtigkeit anzuprangern, fand er sich nur zu oft hinter Gittern wieder oder mußte ins Exil fliehen. Die Namensliste ist lang. Lessing hätte auch darauf gestanden.

Die Zeit der Denkmale – zwischen Revolution und Erinnerung

Durchmustert man das 19. und 20. Jahrhundert nach kulturellen Hinterlassenschaften, stößt man alsbald auf die altbekannte Wahrheit: Viel leichter ist es, auf eine Höhe zu gelangen, als diese dann auf Dauer zu behaupten. Das erging nicht nur Braunschweig so. Es mag sein, auch das liegt in der Natur der Sache, daß sich die schöpferischen Impulse, soweit sie die Kultur betrafen, ein wenig abschwächten. Es mag weiter sein, daß das, was hier abnahm, an anderer Stelle sich als Zuwachs kundtat, die Impulse sich insofern nur verlagert hätten; verlagert nämlich auf die beginnende Industrialisierung, die ingeniöse Geister befeuern mußte. Auch diese Leute, Erfinder, Fabrikanten, Ingenieure, sind nicht weniger schöpferisch als Künstler, sie beackern nur ein anderes Terrain. Der Geist weht halt, wo er will.

Es war auch eine Zeit, in der die politischen Impulse etwas schwächer wurden. Braunschweigs Bürger revoltierten zwar 1830 gegen die absolutistische Willkürherrschaft Karls II., brannten das Schloß nieder, und das gereicht Braunschweig und den Braunschweigern zur Ehre, weil auch diese Revolte ein Zeichen politischer Kultur war. Im großen und ganzen aber war nach den Freiheitskriegen und dem Wiener Kongreß (1814/15) ein unheroisches Zeitalter angebrochen, und gerade in solchen Zeiten pflegt man sich gern an frühere glorreiche Ereignisse zu erinnern. Es ist die Zeit der Denkmale. Da ist der Obelisk auf dem Löwenwall. Er wurde 1822 zum Gedenken an die gefallenen Herzöge Karl Wilhelm Ferdinand und Friedrich Wilhelm, Vater und Sohn, errichtet. Sie hatten ihr Leben in den Freiheitskriegen gegen Napoleon 1806 beziehungsweise 1815 verloren. Die Reiterstandbilder der beiden hat man erst 1874 vor dem Residenzschloß am Bohlweg aufgestellt. 1973 plazierte man sie an dem Durchbruch der Kurt-Schumacher-Straße/Löwenwall. Der Major Olfermann – er hatte 1813 nach Abzug der französischen Truppen das Herzogtum im Namen des Fürsten wieder in Besitz genommen – erhielt sein Denkmal 1832 auf dem Nußberg; Ferdinand von Schill – er hatte als preußischer Major Freischärler gegen napoleonische Truppen befehligt, von denen 14 in Braunschweig erschossen wurden (1809) – folgte 1837. Und nicht zu vergessen Carl Friedrich Gauß, der 1880 in Bronze gegossen wurde und an dem nach ihm benannten Berg steht.

Selbstverständlich hält eine Stadt wie Braunschweig einen Grundbestand institutionalisierter Kultur bereit. Schauspiel, Oper, Konzert und Museum

Eben, als ich Leipzig verließ, bekam ich einen Brief von Meyerbeer, der mir ankündigte, daß man sich, vor Ablauf eines Monats, nicht mit meinen Konzerten würde befassen können. Der große Meister forderte mich auf, die Verzögerung durch eine Reise nach Braunschweig auszunützen, wo ich, wie er sagte, ein höchst achtbares Orchester finden würde. Ich folgte diesem Rate, ohne mir indes viel davon zu versprechen. Ich kannte niemand in Braunschweig und hatte keine Ahnung vom Geschmack des Publikums und von der Gesinnung der Künstler gegen mich. Aber allein das Bewußtsein, daß die Gebrüder Müller an der Spitze der Kapelle stünden, hätte mir genügt, dieser volles Vertrauen zu schenken …

Hector Berlioz
(1803–1869)

Abendstimmung am Kreuzteich in Riddagshausen. Von den einst 28 Teichen, die zum Kloster beziehungsweise zur Domäne gehörten, existieren nur noch elf. Wie schon zu Zeiten der Zisterzienser dienen sie der Karpfenzucht. Im Kreuzteich, Mittelteich und Schapenbruchteich wachsen die Fische zu ihrer endgültigen Größe heran.

haben eine alte Tradition, und es ist eine bleibende Ruhmestat, daß das Hoftheater, wie schon erwähnt, Lessings »Emilia Galotti« zum ersten Mal auf die Bühne brachte, wie auch Goethes »Faust«, der bis dahin als unspielbar galt.

Am Dirigentenpult standen unter anderem Hector Berlioz und Paul Hindemith; der Komponist und Geigenvirtuose Ludwig Spohr wurde in Braunschweig geboren und kam hier zu ersten Erfolgen. Richard Strauss, der braunschweigische Komponist Hans Sommer und andere gründeten 1898 die Genossenschaft Deutscher Komponisten (nach Stadtlexikon). Zu den weit über Braunschweigs Grenzen hinaus zu Ansehen gekommenen Schriftstellern zählen Friedrich Gerstäcker, Wilhelm Raabe, Ricarda Huch und Ina Seidel.

Es ist nicht wenig, was Braunschweig bis in die jüngste Zeit an kulturellen Spitzenleistungen aufzubieten hat. So wichtig aber stets Spitzenleistungen sind, so wichtig sind auch Leistungen, die gewissermaßen in die Breite gehen. Spitzenleistungen reißen mit, sind Vorbild, geben starke Impulse – sind jedoch in der Regel nicht von Dauer. Es geht aber darum, Kunst und Kultur dauerhaft und solide im Bewußtsein der Menschen zu verankern. Nur dann werden sie als wesentlicher Bestandteil des Lebens, auch des alltäglichen Lebens, empfunden. Dies zu leisten, braucht es viele Künstler, Musiker und Schriftsteller; sie leisten, wenn man so will, die Basisarbeit, und ihnen ist noch nicht einmal der Nachruhm sicher. Wer, außer Fachleuten, kennt noch beispielsweise die Keiser, Schürmann, Werner, Abt, die Braunschweigs Orchester dirigierten; wer den Komponisten Franz von Holstein, wer die Dichter und Musikpädagogen Robert und Leonhard Griepenkerl; schon gar die Dichter aus dem 18. Jahrhundert wie Gärtner, Ebert, Zachariae, K. A. Schmidt, Eschenburg? Verdienstvolle Leute sie alle. Ein Schelm wäre, wer sie mit Mendelssohn, Brahms, Hans von Bülow, Liszt, Schumann, Wagner, Clemens von Brentano, Eichendorff, Fontane und all den anderen vergliche.

Es gibt Zeiten, die dem Gedeihen der Kultur förderlicher sind als andere. Das betrifft meist das gesamte Spektrum kultureller Äußerungen. Und es gibt Zeiten, in denen die Menschen den vorhandenen Bestand an Kultur mehr, oder eben weniger nützen. Was natürlich Rückwirkungen auf die »Kulturproduzenten« hat. Grob gesagt: Interesselosigkeit an ihrer Arbeit befeuert sie nicht eben zu neuen Taten.

»Obwohl immer wieder Anstrengungen unternommen worden sind, ist es bisher nicht hinreichend gelungen, diese vielen Bürgern unbekannte Vielfalt des Kulturlebens in und um Braunschweig ins öffentliche Bewußtsein zu rücken«, schreibt die ehemalige Kulturdezernentin der Stadt Braunschweig, Birgit Pollmann. Sie fährt fort: »Es fehlt die Kenntnis des gesamten kulturellen Spektrums. Diese verengte Perspektive verleitet oft zu Fehlschlüssen. Das kulturelle Leben Braunschweigs braucht sich hinter dem anderer Städte und Regionen nicht zu verstecken. Es muß daran arbeiten, ihre/seine Leistungen besser ›zu vermarkten‹«.

Dann also frisch ans Werk, es lohnt sich.

Absolutismus Regierungsform, bei welcher allein der Monarch die Herrschaftsgewalt innehat, ohne an die Mitwirkung anderer politischer Körperschaften (Stände) gebunden zu sein.

Akanthus Seit der Antike verwendetes Pflanzenornament. Vorbild sind die Blätter von A.-arten, die in den Mittelmeerländern heimisch sind.

Altan (Söller) Balkonartiger Anbau, der vom Erdboden aus gestützt wird.

Apsis Auf halbkreisförmigem oder polygonalem Grundriß errichteter Abschluß eines Hauptraums (Langhaus, Chorraum), überwölbt mit einer Halbkuppel.

Architrav Waagerechter Balken über Säulen bzw. Pfeilern.

Astwelle In der Spätrenaissance/Frühbarock aus dem → Laubstabfries entwickeltes Schnitzwerk am → Schwellbalken. Stilisierte Äste mit Blattansätzen in gegenläufiger Wellenbewegung mit waagerecht durchlaufendem Ast.

Attika Aufsatz über dem Hauptgesims eines Bauwerks. Seit der Renaissance zum Verdecken des Dachansatzes verwendet.

Balkenkopf Ende eines Balkens, der auf einer Wand aufliegt oder darüber hinausragt.

Bauerschaft (Nachbarschaft) Eine Untergliederung der Weichbilde (Stadtteile) für Verteidigungs- und Verwaltungszwecke.

Blende (Verblendung) 1. flache Mauervertiefung mit ebenem Hintergrund, oft in Form von Rechtecken, Kreisen u. a. m.
2. der Mauerfläche aufgelegtes, vorgeblendetes architektonisches Motiv wie (Blend)bögen, (Blend)arkaden u. a. m.

Chor Östlicher Raumteil einer Kirche, ursprünglich den Mönchen bzw. Klerikern zum gemeinsamen Gebet und der gesungenen Liturgie vorbehalten.

Grundruhr (Grundberührung, Strandrecht) ist das Recht des Grundherrn, die auf seinem Grund und Boden (bzw. seiner Küste) zusammengebrochenen oder umgestürzten Wagen mitsamt der Ladung in Besitz zu nehmen oder eine Abgabe für die Freilassung zu erheben.

Hanse (Schar) 1. im Mittelalter die Bezeichnung für genossenschaftlich organisierte Kaufleute, die besonders im Ausland tätig waren,
2. Bezeichnung einer Verbindung vor allem norddeutscher Städte zum Erwerb und zur Sicherung von Handelsprivilegien.

Harmonie, prästabilierte These des Philosophen Gottfried Wilhelm Leibniz, wonach das Verhältnis aller Dinge im All, besonders aber Leib und Seele, von Gott geordnet ist.

Hermenpfeiler Kopf/Oberkörper, der sich nach unten in einen Pfeiler fortsetzt. Im Barock gern als figürliche Gebälkträger verwendet.

Hintersasse Bezeichnung für Bauern im Mittelalter und in der Neuzeit bis ins 19. Jahrhundert, die als Freie oder Halbfreie in Abhängigkeit von einem Grundherrn standen.

Holk (Hulk) Breitbauchiges Frachtschiff, verdrängte im 15. Jahrhundert die Kogge wegen größerer Transportleistung.

Joch Gewölbefeld eines Bauwerks (Kirche).

Kapitell Formenreiches Kopfstück einer Säule. Beim K. beginnt die Übergangszone von Stütze und Last.

Katharer Mittelalterliche christliche Sekte mit strenger Askese und Armutsideal.

Krabbe Pflanzenförmiges Dekor an den Kanten gotischer Ziertürmchen, Giebel u. a.

Kreuzgewölbe (Kreuzkappen-/Kreuzgratgewölbe) Ein Gewölbe, das durch Verschneiden zweier gleich hoher Tonnengewölbe entsteht. Die Schnittstellen bilden Grate.

Kreuzrippengewölbe Ein → Kreuzgewölbe mit untergelegten Rippen anstelle der Grate.

Laubstabfries Ein von Laub umwundener Stab am → Schwellbalken eines Fachwerkhauses; Schnitzwerk der Renaissance.

Lettner Ursprünglich eine Wand, die Laien von den Klerikern in einer Kirche (meist Kloster- oder Stiftskirche) trennt. Später wird der L. (Stein, Holz) durchbrochen und verziert; gehört heute zur dekorativen Ausstattung.

Maßwerk Geometrische Schmuckform der Gotik, mit der Fenster, Giebel, Wände u. a. m. unterteilt werden.

Merkantilismus Bezeichnung für die wirtschaftspolitischen Bestrebungen der absolutistischen Staaten vom 16.–18. Jahrhundert. Ziel war die Mehrung von Macht und Wohlstand des Landes bzw. des Herrschers, zu welchem Zweck die gewerbliche Produktion gefördert, die Importe beschränkt und die Bevölkerungszahl erhöht wurde.

Mezzanin Halb- bzw. Zwischengeschoß.

Naturrecht Vorstellungen der Rechts- bzw. Moralphilosophie sowie der Theologie, das positive Recht mit Hilfe eines höherrangigen, von Natur aus gegebenen Rechts legitimieren zu können.

Pilaster Wandpfeiler, meist mit Basis und → Kapitell.

Risalit Bauteil (an der Seite und/oder der Mitte), der vor die Flucht des Hauptbaukörpers vorspringt und oft ein eigenes Dach hat.

Rolandslied Ältestes französisches Heldenepos, vermutlich um 1080 verfaßt; gehört zum Sagenkreis um Karl den Großen.

Sachsenspiegel Ältestes deutsches Rechtsbuch (um 1230), faßt das im sächsischen Raum geltende Land- und Lehnsrecht zusammen.

Scholastik Sammelbezeichnung für die Wissenschaft des Mittelalters seit dem 9. Jahrhundert. Bezeichnung vor allem auch für die damalige Philosophie und Theologie.

Schriftsassen Prälaten, Ritter und Städter, die zum Erscheinen bei den Land- und Hoftagen des Territorialherrn berechtigt waren.

Schwellbalken Unteres Querholz eines Fachwerkbaus, das auf den → Balkenköpfen aufliegt und diese miteinander verbindet.

Stalhof Name des Hansekontors (Niederlassung) in London.

Strebebogen Über dem Seitenschiff und/oder → Chor stehendes Bauteil, das den Gewölbeschub auf die → Strebepfeiler überträgt.

Strebepfeiler Zur Mauerverstärkung dienender und quer zu ihr stehender vorspringender Pfeiler.

Stück/Stückeschießen Alte Bezeichnung für Kanone/Schießen mit Kanonen.

Translozierung Versetzung eines Bauwerks an einen anderen Ort.

Treppenfries Treppenförmiges spätgotisches Schnitzwerk am → Schwellbalken eines Fachwerkhauses.

Tympanon Giebelfeld eines antiken Tempels, meist mit Bauplastik geschmückt; Fläche über einem Portal innerhalb des Bogenfelds.

Vierung Raumteil einer Kirche, der aus der Durchdringung von Lang- und Querhaus entsteht.

Ziborium Auf Säulen ruhender Aufbau (Baldachin) über einem Altar.

Zwerchhaus (Z.-giebel/-dach) (zwerch = quer); über einer Fassade aufsteigender, nicht zurückgesetzter Dachaufbau mit Zwerchdach (quer zum Hauptdach verlaufender First); Z.-giebel: Blendgiebel vor Zwerchdach.

Zwickel Gewölbeteil bei Kuppelbauten, der in Form eines (sphärischen) Dreiecks vom quadratischen Grundriß zum Kreisrund der Kuppel überleitet.

Armenat, Gabriele Frauen aus Braunschweig; Stadtbibliothek Braunschweig, 1987

Aster, Ernst von Geschichte der Philosophie; Stuttgart 1954

Bein, Reinhard Zustimmung in Stein – Siedlungsbau im Nationalsozialismus; in: Praxis Geschichte 3/1994 Braunschweig

Beitz, Uwe Zur Zierde der Stadt – Die Baugeschichte des Braunschweiger Burgplatzes seit 1750; Braunschweig/Wiesbaden 1989

Bickel, Wolfgang Riddagshausen – Untersuchungen zur Baugeschichte der Abteikirche; Braunschweig 1968

ders. Die Kunst der Cistercienser; in: Die Cistercienser, Hrsg. A. Schneider u. a., 2. Aufl. Köln 1977

Biegel, Gerd Braunschweigische Industriegeschichte, Ausstellungskatalog; Braunschweig 1989

Bode, Wilhelm von Mein Leben; Berlin 1930

Borst, Otto Alltagsleben im Mittelalter; Frankfurt a. M. 1983

Braunschweig. Ein Lesebuch Hrsg. D. H. Klein und H. Rosbach, Husum 1987

Braunschweig zu Fuß hrsg. von L. Tantow und H. Manns; Hamburg 1991

Braunschweiger Stadtlexikon hrsg. von L. Camerer, M. R. W. Garzmann, W.-D. Schuegraf; Braunschweig 1992

Bumke, Joachim Höfische Kultur. Literatur und Gesellschaft im hohen Mittelalter; 3. Aufl. München 1986

Charles, Robert Lonsdale Das Tagebuch des britischen Kunstschutzoffiziers Robert Lonsdale Charles; in: C. Friemuth, Die geraubte Kunst; Braunschweig 1989

Dehio, Georg Handbuch der deutschen Kunstdenkmäler/Bremen, Niedersachsen; München 1977

Die Stadt Braunschweig in literarischen Zeugnissen Kleine Schriften 2, Stadtarchiv u. Stadtbibliothek; Braunschweig 1979

Dollinger, Philippe Die Hanse, Stuttgart 1966

Dorn, Reinhard Mittelalterliche Kirchen in Braunschweig; Hameln 1978

Drews, Wolfgang Lessing; rororo Bild-Monographien, Reinbek 1981

Drost, Willi Romanische und gotische Baukunst; Potsdam 1944

Duby, Georges Die Zeit der Kathedralen – Kunst und Gesellschaft 980–1420; Frankfurt a. M. 1980

Dürre, Hermann Geschichte der Stadt Braunschweig im Mittelalter; Braunschweig 1861/Reprint 1974

Eisenhardt, Ulrich Deutsche Rechtsgeschichte; München 1984

Garzmann, Manfred R. W. Stadtherr und Gemeinde in Braunschweig im 13. und 14. Jahrhundert; Braunschweig 1976

Hartmann, Kristiana/Lemke, Gundela Siegfriedviertel Braunschweig; in: Arbeitshefte zur Denkmalspflege Niedersachsen 4/1985

Huch, Ricarda Erinnerungen aus dem eigenen Leben, Köln 1980

Jahn, Günter Der Altstadtmarkt in Braunschweig; Kleine Schriften 18, Stadtarchiv u. Stadtbibliothek; Braunschweig 1988

Kampffmeyer, Hans Die Gartenstadtbewegung; Leipzig 1909; zit. nach Karl-Heinz Hüter, Architektur in Berlin 1900–1933, S. 215

Kelsch, Wolfgang/Lange, Wolfgang Schatzkammer Wolfenbüttel. Geschichte und Kultur in einer fürstlichen Residenz; 4. Aufl. Wolfenbüttel 1993

Kimpflinger, Wolfgang Stadt Braunschweig, Denkmaltopographie Bundesrepublik Deutschland – Baudenkmale in Niedersachsen, Teil 1, Bd. 1.1; Hameln 1993

Knape, Horst Geschichte des Abbruchs; in: Braunschweig 1/1960; S. 8 ff

Kohl, Friedrich Theodor Das Residenzschloß; in: Braunschweig 1/1960; S. 2 ff

Lampugnani, Vittorio Magnago Architektur als Kultur; Köln 1986

Liedke, Karl/Rother, Bernd Von der Zuckerfabrik zum Mikrochip; Frankfurt a. M. 1989

Löcher, Kurt Der Londoner Stalhof und Hans Holbein; in: Stadt im Wandel, Ausstellungskatalog Bd. 3; 1985

Lufft, Peter Braunschweig; Braunschweig 1939

ders. Braunschweigs Plastiken im Stadtbild seit 1945, Kulturberichte/Veröffentlichungen des Kulturamtes der Stadt Braunschweig; Braunschweig 1989

Martini, Fritz Deutsche Literaturgeschichte; 17. Aufl., Stuttgart 1978

Meier, Heinrich Braunschweigs älteste Befestigung; in: Braunschweigisches Magazin, 1911

Mersmann, Heinrich Provinz oder Nicht-Provinz?; in: Braunschweig 1973

Mitscherlich, Alexander Die Unwirtlichkeit unserer Städte; Frankfurt a. M. 1965

Moderhack, Richard Braunschweiger Stadtgeschichte, Bd. 1, Von Braunschweig. Das Bild der Stadt in 900 Jahren. Geschichte und Ansichten; Hrsg. Gerd Spies; Braunschweig 1985

Mumford, Lewis Die Stadt, Bd. 1; München 1961

Pollmann, Birgit Kulturklima im Dialog; in: Region Südost-Niedersachsen ... auf Kurs 2000, S. 70

Riewerts, Theodor/Pieper, Paul Die Maler tom Ring; München/Berlin 1955

Roloff, Ernst August Heimatchronik der Stadt Braunschweig; Köln 1955

ders. 100 Jahre Bürgertum in Braunschweig; 2 Bde; Braunschweig 1985/1987

Sauerländer, Willibald Imervardkreuz; in: Die Zeit der Staufer, Ausstellungskatalog I; Stuttgart 1977

Schaller, Hans Martin Das geistige Leben am Hofe Kaiser Ottos IV. von Braunschweig; in: Mitteilungen der TU Carolo-Wilhelmina zu Braunschweig; 1/1975

Schild, Wolfgang Kriminalität und ihre Verfolgung; in: Stadt im Wandel, Ausstellungskatalog Bd. 4, 1985

Schumacher, Fritz Strömungen in deutscher Baukunst seit 1800; Leipzig 1935/Reprint Braunschweig 1982

Schütte, Willi 12 Jahre Aufbau. Monographien des Bauwesens, Folge 16; Stuttgart 1959

Soldan/Heppe/Bauer Geschichte der Hexenprozesse; Nachdruck der 3. (letzten) Aufl.; Hanau o. J.

Spee, Friedrich von Cautio Criminalis – oder Rechtliches Bedenken wegen der Hexenprozesse; Einleitung von Joachim-Friedrich Ritter; München 1982

Spieß, Werner Geschichte der Stadt Braunschweig im Nachmittelalter; 2 Bde., Braunschweig 1966

Steinhausen, Georg Kaufleute und Handelsherren in alten Zeiten; Leipzig 1899/Nachdruck 1976

Weinmann, Arno Braunschweig als landesherrliche Residenz im Mittelalter; Braunschweig 1991

Wolf, Erik Große Rechtsdenker; 4. Aufl. Tübingen 1963

Zeitlinger, Karl Geist und Stil; Heidelberg 1986

Für die freundliche Genehmigung zum Abdruck danken wir den folgenden Künstlern bzw. deren Vertretern:

Schutzumschlag vorn und hinten:
Bilderrahmen von Jörg Lange, Hannover, der die Plastik 1991 mit Unterstützung der Firma Bögelsack schuf.

Ulrich Kasper Herzog, Seite 191 o. r.
Jakob Hofmann, Seite 169 m., 191 o. l.
Bodo Kampmann, Seite 45, 165
Ludwig Kasper, Seite 169 u.
Fritz König, Seite 172 o. r.
Arnold Kramer, Seite 168 u.
Jörg Lange, Seite 171
Ernst Müller, Seite 189 u.
Paul Egon Schiffers, Seite 188 o. r.
Karl-Henning Seemann, Seite 158/159
Bruno Skibbe, Seite 191 u.
VG Bild-Kunst, Seite 172 o. l.
Friedrich-Wilhelm Vosswinkel, Seite 173

Die kursiv gesetzten Seitenzahlen beziehen sich auf Abbildungen.